Oliver Hallich

Angemessene Lügen

Ein sozialphilosophischer Essay

Meiner

Bibliographische Information der Deutschen Nationalbibliothek

Die Deutsche Nationalbibliothek verzeichnet diese Publikation in der Deutschen Nationalbibliographie; detaillierte bibliographische Daten sind im Internet über ‹https://portal.dnb.de› abrufbar.

ISBN 978-3-7873-4404-8
ISBN eBook 978-3-7873-4405-5

 Satz: Jens-Sören Mann. Druck und Bindung: Stückle, Ettenheim. Gedruckt auf alterungsbeständigem Werkdruckpapier, hergestellt aus 100% chlorfrei gebleichtem Zellstoff. Printed in Germany.

INHALT

EINLEITUNG

Die Frage nach der moralischen Erlaubtheit des Lügens ist ein Dauerthema der praktischen Philosophie. Seit Platon bemühen sich Philosoph:innen darum zu klären, was Lügen sind und ob – und wenn ja, unter welchen Bedingungen – sie als moralisch erlaubt, möglicherweise sogar moralisch geboten, als moralisch bedenklich, verwerflich oder löblich einzustufen sind und was genau es ist, das sie falsch, verwerflich oder bedenklich macht.[1]

Es liegt nahe, die in der philosophischen Ethik eingenommenen Positionen zu diesen Fragen zu klassifizieren, indem man sie in die gängige Typologie normativer Theorien und die Unterscheidung zwischen deontologischen und konsequentialistischen, insbes. utilitaristischen Theorien[2] einordnet. Es lassen sich dann recht klare Zuordnungen vornehmen. Auf der einen Seite stehen die an Kant orientierten Deontolog:innen, die für ein absolutes Lügenverbot plädieren, das auch in den Fällen zu respektieren sei, in denen eine Lüge wohltätige oder sozial erwünschte Konsequenzen zeitigt. Das Verwerfliche oder Bedenkliche der Lüge werden sie »intern«, d. h. durch eine Eigenschaft der Lüge selbst – etwa durch ihre vermutete Eigenschaft, ein Missbrauch der Sprache zu sein –, bestimmen. Sie können der verbreiteten moralischen Intuition gerecht werden, dass Lügen moralisch schlecht sind, müssen allerdings kontraintuitive Konsequenzen in Bezug auf Fälle in Kauf nehmen, in denen eine Lüge offensichtlich positive Konsequenzen nach sich zieht, etwa die Rettung eines Verfolgten vor einem Unrechtsregime oder die Steigerung der Lebensqualität eines Patienten durch eine wohlwollende Lüge des Arztes. Auf der anderen Seite stehen Konsequentialist:innen, die für eine Einschränkung des Lügenverbots nach Maßgabe der durch eine Lüge hervorgebrachten (oder intendierten oder vorausgesehenen) Folgen plädieren. Als Utilitarist:innen werden sie die Auswirkungen einer Lüge auf das Glück aller davon direkt oder indirekt Betroffenen als maßgeblich für die Einstufung einer Lüge als richtig oder falsch, moralisch erlaubt oder geboten ansehen. Das Verwerfliche oder Bedenkliche der Lüge werden sie »extern« bestimmen, also nicht in Eigenschaften der Lüge selbst, sondern in den dadurch gezeitigten Folgen. Konsequentialist:innen können der ebenfalls stark verbreiteten moralischen Intuition gerecht werden, dass Lügen manchmal moralisch erlaubt, vielleicht sogar moralisch geboten sind, können aber das Lügenverbot nur als ein Prima-facie-Verbot auffassen, das grundsätzlich in Abhängigkeit von den faktischen, intendierten oder vorausgesehenen Folgen des Lügens zur Disposition gestellt werden kann.

Setzt man bei der Erörterung der Frage nach der moralischen Erlaubtheit des Lügens diese Standarddichotomie zwischen Deontologie und Konsequentialismus voraus und orientiert sich an ihr, wird man eine Position zur Erlaubtheit des Lügens nicht unabhängig davon beurteilen können, wie man die dabei zugrunde gelegte normative Theorie beurteilt. Ein Konsequentialist wird eine andere Position zur Frage nach der moralischen Legitimität des Lügens einnehmen als eine Kantianerin, und den Dissens zwischen beiden wird man nur beurteilen und möglicherweise auflösen können, wenn man auch in der allgemeineren Debatte zwischen Konsequentialismus und Deontologie Stellung bezieht. Die Auseinandersetzung um die Frage nach der moralischen Erlaubtheit des Lügens wird sich daher schnell auf die allgemeinere Frage nach der Richtigkeit (oder Vereinbarkeit) von Deontologie und Konsequentialismus verlagern und die normativen Voraussetzungen der jeweiligen Position thematisieren. Damit aber droht das eigentlich interessierende Problem aus dem Blick zu geraten: Statt zu fragen, ob Lügen moralisch erlaubt sind oder nicht, fragt man dann, ob die normative »Hintergrundtheorie« korrekt ist und wie sich Deontologie und Konsequentialismus zueinander verhalten.

Um dieses Problem abzufangen, kann man die Korrektheit einer normativen Theorie von vorneherein als nicht weiter thematisierte Voraussetzung der eigenen Argumentation kenntlich machen, also z. B. ankündigen, dass man die Frage nach der Erlaubtheit des Lügens als Konsequentialistin oder als Kantianer behandeln will. Das aber bedeutet, dass die eigenen Ausführungen dann auch nur für diejenigen interessant sein werden, die diese normativen Voraussetzungen teilen. Die Konsequentialistin hat dann keinen Anlass, sich für die Argumentation des Kantianers zu interessieren, und vice versa. Da *alle* Theorien der normativen Ethik umstritten sind und keine von ihnen von allen akzeptiert wird, predigt man dann nur der eigenen Gemeinde. Man schließt diejenigen aus, die die eigenen normativen Voraussetzungen nicht teilen.

Angesichts dieser Probleme wird im folgenden Essay ein Ansatz zur Erörterung der Frage nach der moralischen Erlaubtheit des Lügens gewählt, der neutral gegenüber der Unterscheidung zwischen Deontologie und Konsequentialismus ist und sich keiner dieser beiden Positionen (oder sonst einer normativen Theorie) verschreibt. Der Grundgedanke der folgenden Argumentation ist sehr einfach: Eine Lüge ist ein Beziehungsphänomen. Lügen heißt: sozial handeln. Es heißt, sich zum anderen auf eine bestimmte Weise in Beziehung zu setzen. Wenn wir lügen, definieren wir eine Beziehung. Genauer: Wir definieren eine Beziehung als eine Beziehung der *Gegnerschaft*. Das ist manchmal angemessen und manchmal nicht. Es ist – vorläufig und vereinfachend gesprochen – angemessen, wenn diese Beziehung tatsächlich eine Beziehung der Gegnerschaft ist, und nicht angemessen, wenn dies nicht der Fall ist. Darum sind Lügen manchmal angemessen und manchmal nicht.

Ich werde also dafür plädieren, die Frage nach der moralischen Erlaubtheit des Lügens zu *entmoralisieren* und sie durch diejenige nach der sozialen Angemessenheit oder Unangemessenheit des Lügens zu ersetzen. Das Ergebnis ist eine Position, die weder für ein kategorisches »Lügenverbot« noch für eine prinzipielle »Erlaubtheit« von Lügen plädiert, sondern dafür argumentiert, dass in Abhängigkeit vom sozialen Kontext Lügen manchmal als angemessen und manchmal als unangemessen einzustufen sind. Sie ist mit dem Anspruch verbunden, ein Kriterium dafür liefern zu können, wann Lügen angemessen oder unangemessen sind, also eine (wenngleich nicht perspektivenunabhängige) Entscheidung über die Frage nach ihrer Angemessenheit oder Unangemessenheit zu ermöglichen. Und sie versucht, sich einer Antwort auf die Fragen, die traditionell in der normativen Ethik erörtert werden, auf dem Wege einer weitgehend deskriptiven, von moralischen Aufladungen des Lügenbegriffs freien Erörterung der Frage, was Lügen sind, anzunähern.

In Kapitel I wird, noch nicht spezifisch auf Lügen bezogen, erklärt, was es heißen soll, dass eine Handlung eine Beziehung »sozial definiert«. In Kapitel II wird erläutert, in welchem Sinne Lügen

Beziehungen definieren, und es wird die These begründet, dass eine Lüge eine Beziehung als Gegnerschaft definiert. Gegen diese These liegen Einwände auf der Hand, die im Verweis auf Lügen ohne Gegnerschaft, etwa wohlwollende Lügen, bestehen. Diese Einwände werden in Kapitel III abgehandelt und entkräftet. In Kapitel IV wird gezeigt, dass und wie wir in Abhängigkeit von der Struktur und dem Verständnis einer Beziehung Lügen als angemessen, in Kapitel V, wie wir sie, ebenfalls in Abhängigkeit von der Struktur und dem Verständnis einer Beziehung, als unangemessen einstufen können. In den Folgekapiteln wird die Perspektive erweitert: In Kapitel VI wird auf Formen des Täuschens, die keine Lügen sind, eingegangen und dabei nach möglicherweise unterschiedlichen Bewertungen der lügenden und nicht lügenden Formen des Täuschens gefragt. In Kapitel VII wird die Frage gestellt (und bejaht), ob es die Möglichkeit des Lügens ohne Täuschung in Folge einer Zustimmung zur Lüge gibt.

Für aufrichtige Rückmeldungen zu früheren Fassungen dieses Textes und hilfreiche Gespräche danke ich insbesondere Dieter Birnbacher, Susanne Boshammer, Carl Friedrich Gethmann, Martina Herrmann, Susanne Hiekel, Felicitas Krämer, Sibylla Lotter, Alina Omerbasic-Schiliro sowie den Teilnehmenden an Kolloquiumsvorträgen an den Universitäten Duisburg-Essen und Osnabrück. Für eine erneut sehr angenehme Zusammenarbeit und die Aufnahme des Textes in die *Blaue Reihe* gilt mein Dank Marcel Simon-Gadhof vom Meiner Verlag.

I

WAS HEISST: »EINE BEZIEHUNG SOZIAL DEFINIEREN«?

Im Zentrum dieses Essays steht die These, dass Lügen eine Beziehung – auf eine noch näher zu bestimmende Weise – »sozial definieren«. Was heißt das?

1. Wie man Beziehungen durch Handlungen definiert

Wer etwas definiert, weist ihm eine Bedeutung zu. Es kann verschiedene mögliche Gegenstände solcher Bedeutungszuweisungen geben. Offensichtlich kann man sprachliche Ausdrücke definieren. Man kann z. B. den Ausdrücken »Parallelogramm« und »Interesse« mit Aussagen wie »Jedes Viereck, dessen gegenüberliegende Seiten parallel zueinander sind, heißt ›Parallelogramm‹« oder »Ein Wunsch, den man unter den Bedingungen der Informiertheit und Rationalität hat, heißt ›Interesse‹« eine Bedeutung zuweisen. Definieren kann man aber nicht nur sprachliche Ausdrücke. Definieren kann man auch materielle Objekte, wie John Searle in *Die Konstruktion der gesellschaftlichen Wirklichkeit* ausführt.[3] Man kann materiellen Objekten eine soziale Bedeutung zuweisen, etwa in der Form, dass ein an sich wertloses Stück Papier in einer Gesellschaft als Geld und Zahlungsmittel oder ein bedrucktes Stück Stoff als Nationalflagge gilt. Diese Bedeutungszuweisung fasst Searle als Konstruktion institutioneller Tatsachen auf. Er beschreibt sie als Anwendung der Formel »X zählt als Y in K«, wobei »X« das materielle Objekt, »Y« die ihm zugewiesene Bedeutung und »K« die Kontextumstände bezeichnet, unter denen diese Bedeutungszuweisung stattfindet. Searle spricht dabei von »X zählt als Y in K« als von einer konstitutiven Regel, d. h. einer solchen, die nicht nur eine schon existierende Praxis reguliert, sondern die auf der Grundlage kollektiver Intentionen diese Praxis allererst konstituiert.[4] Auch Handlungen kann man auf diese Weise sozial definieren, etwa indem man auf der Grundlage kollektiver Intentionen die Handlung, die darin besteht, jemandem bei der Konfirmation die Hand auf den Kopf zu legen, als Segnung, ein Kopfnicken als Grußgeste oder das Heben der rechten Hand, begleitet von der Aussprache der Eidesformel, als Leisten eines Schwurs definiert.

Auch Beziehungen kann man sozial definieren. Man kann einer Beziehung eine Bedeutung in dem Sinne zuweisen, dass man sie durch soziales Handeln als Beziehung *einer bestimmten Art* kennzeichnet – etwa als Freundschaft, als Feindschaft, als Liebesbeziehung, als geschäftliche Beziehung, als Arzt-Patienten-Beziehung, als lockere Bekanntschaft, als Lehrer-Schüler-Verhältnis, als Eltern-Kind-Beziehung. Soziales Handeln ist ein Handeln, das – in der klassischen Definition von »soziales Handeln« durch Max Weber – »seinem von dem oder den Handelnden gemeinten Sinn nach auf das Verhalten anderer bezogen wird und daran in seinem Ablauf orientiert ist«[5]. (»Soziales Handeln« ist also natürlich kein normativer oder wertender Ausdruck.) Soziales Handeln verbindet Menschen, auf welche Weise auch immer, miteinander. Der Sinn des sozialen Handelns liegt darin, Menschen auf bestimmte Weise miteinander in Beziehung zu setzen, z. B. als Freunde, Feinde, Geschäftspartner etc. Soziale Handlungen sind: jemandem auf die Schulter klopfen, einen Krieg gegen jemanden beginnen, mit jemandem ins Theater gehen, jemandem die kalte Schulter zeigen, jemanden küssen, gegen jemanden intrigieren, mit jemandem ein Gespräch führen usw. Beziehungen können wir durch soziales Handeln definieren, also ihnen eine Bedeutung zuweisen.

Die einer Beziehung durch soziales Handeln zugewiesene »Bedeutung« ist dabei nichts, was »extern« zu dieser Beziehung wäre, wenngleich wir manchmal, »Bedeutung« im Sinne von »Wichtigkeit« verwendend, von der »Bedeutung einer Beziehung« auch in diesem Sinne sprechen (»Die Beziehung zu Lisa hatte für ihn eine enorme Bedeutung«). »Bedeutung« bezeichnet hier einfach die *Art* von Beziehung, als die eine Beziehung durch soziales Handeln definiert wird, also z. B. Freundschaft oder lockere Bekanntschaft. Auch der Ausdruck »Zuweisung« in der Formulierung »eine Bedeutung zuweisen« ist in einem unproblematischen Sinne zu verstehen. Die Zuweisung einer Bedeutung durch soziales Handeln besteht einfach darin, dass man, indem man etwas tut, eine Beziehung als eine definiert, zu der das, was man tut, *gehört*. Die Etymologie von »definieren« führt hier auf die richtige Spur: Etwas zu de-finieren heißt, eine Grenze zu ziehen, festzulegen, was in einen Bereich gehört und was außerhalb dieses Bereiches liegt. Gebe ich jemandem zur Begrüßung die Hand, definiere ich die Beziehung zu ihm als eine, zu der Umgangsformen dieser Art gehören. Wende ich mich mitten im Gespräch von meinem Gesprächspartner ab, definiere ich die Beziehung zu ihm als eine, zu der ein solches distanzierendes Verhalten gehört. Spreche ich jemanden mit »Helmut, alter Kumpel!« an, definiere ich die Beziehung zu ihm als eine, zu der eine solche vertrauliche Anrede gehört und die durch das durch diese Anrede angezeigte Maß an sozialer Distanz gekennzeichnet ist. Spendet jemand einem ihm völlig fremden Menschen über eine Hilfsorganisation Geld, definiert er die Beziehung zu ihm als eine, die nicht durch völlige Gleichgültigkeit am Wohlergehen des anderen gekennzeichnet ist, sondern zu der ein gewisses Maß an Anteilnahme am Schicksal des anderen gehört.

In diesem Sinne können wir durch soziales Handeln Beziehungen definieren. Wir können sie als Beziehungen einer bestimmten Art kennzeichnen. Und so wie wir Beziehungen definieren können, können wir sie auch *umdefinieren*. Wir können ihnen eine neue Bedeutung zuweisen. Man kann eine Nahbeziehung auflösen und als kollegiale Beziehung oder als neutrale Beziehung neu definieren, eine Freundschaft zu einer Liebesbeziehung umdefinieren. Wenn Heinrich V. am Tag seiner Krönung seinen Jugendfreund Falstaff, als dieser sich ihm in der Hoffnung auf Fortführung der vertrauten Beziehung nähert, mit einem schroffen »Ich kenne dich nicht, alter Mann« abweist[6], definiert er die Beziehung zu ihm radikal von einer freundschaftlichen Beziehung zu einer Beziehung zwischen König und Untertan um. Im Allgemeinen gestalten wir unsere Beziehungen durch ein Wechselspiel zwischen Definitionen und Redefinitionen, mit dem wir uns in Form eines »Aushandlungsprozesses« (idealiter) auf eine Beziehungsdefinition verständigen. Wir unterbreiten, indem wir sozial handeln, Definitionsvorschläge, die aber (normalerweise) auch abgelehnt werden können. Wir machen durch unser soziales Handeln Angebote, die angenommen oder zurückgewiesen werden können. Wenn z. B. Frau A auf Herrn B zutritt und ihn küsst, definiert sie dadurch, dass sie es tut, die Beziehung zu Herrn B als eine, zu der Küssen gehört, die also durch ein gewisses Maß an Intimität gekennzeichnet ist. Lässt Herr B dies geschehen oder küsst gar zurück, akzeptiert er diese Beziehungsdefinition, sei es, weil die Beziehung zwischen Frau A und Herrn B ohnehin von beiden Seiten so definiert ist, dass Handlungen dieser Art zu ihr gehören – in diesem Fall war die Beziehungsdefinition von Frau A keine *Neu*definition der Beziehung, sondern eine Bestätigung und Bekräftigung einer bereits beidseits akzeptierten Definition –, sei es, weil Herr B den von Frau A erstmals unterbreiteten Definitionsvorschlag freudig akzeptiert. Reagiert Herr B hingegen mit Ohrfeigen, Fußtritten oder lauten Hilferufen, kann dies als Zurückweisung des von Frau A unterbreiteten Definitionsvorschlages verstanden werden. Beide Seiten werden sich dann um eine Redefinition ihrer Beziehung bemühen müssen. Erwachsen gewordene Kinder werden ihren Eltern Redefinitionsvorschläge unterbreiten, die diese, gewachsene Distanzen anerkennend, annehmen oder, sich an eingefahrene Verhaltensmuster klammernd, ablehnen können.[7]

Wir definieren und redefinieren Beziehungen, *indem* wir sozial handeln. Die Handlung *ist* dabei die soziale Definition der Beziehung als Beziehung einer bestimmten Art, was auch immer der Handelnde über sie sagen mag. Für die Bedeutung dessen, was wir tun, wenn wir sozial handeln, kommt es also nicht darauf an, wie wir das, was wir tun, subjektiv wahrnehmen oder interpretieren. So wenig, wie man sich im Straßenverkehr der Bußgeldzahlung wegen unerlaubten Parkens durch die Versicherung entziehen kann, man habe das Halteverbotsschild eher unter ästhetischen Gesichtspunkten betrachtet und es als kubistisches Kunstwerk im öffentlichen Raum aufgefasst, und sowenig man dem Vorwurf des Nazismus entgegentreten kann, indem man sagt, man habe zwar eine Hakenkreuzfahne geschwungen, damit aber keine nationalsozialistische Gesinnung zum Ausdruck bringen wollen, so wenig können wir die Bedeutung sozialer Handlungen nach individuellem Gutdünken umcodieren – etwa, indem wir sagen, wir hätten durch Küssen den Wunsch nach Distanz signalisieren wollen. Die soziale Bedeutung des Halteverbotsschildes liegt in der Bekanntgabe des Halteverbots, die der Hakenkreuzflagge in der Bekundung nationalsozialistischer Gesinnung; Individuen können dies nicht einfach nach Maßgabe ihrer Absichten ändern. Ebenso hängt die Bedeutung sozialer Handlungen nicht davon ab, was Individuen mit ihnen intendieren oder meinen. Sie ist nicht privat.

Dies wird für das Verständnis von Lügen als einer Form des sozialen Handelns relevant werden: Wie auch immer der Lügner das, was er tut, interpretiert und wie auch immer er selbst es auffasst, er definiert durch sein Handeln die Beziehung so, wie sie eben durch Lügen definiert wird. Für die soziale Definition von Beziehungen sind also *individuelle* Intentionen und Interpretationen nicht maßgeblich. Wohl aber sind *kollektive* Intentionen für sie maßgeblich, denn kollektive Intentionen legen die Bedeutung der Handlung fest, mittels derer eine Beziehung sozial definiert wird. Sie legen fest, wie das, was jemand tut, eine Beziehung definiert – etwa, dass jemanden zu küssen die Beziehung zu ihm als eine der Nähe definiert. So wie nach Searle durch die Anwendung der Regel »X zählt als Y in K« aufgrund kollektiver Intentionen institutionelle Tatsachen konstituiert werden, also etwa festgelegt wird, dass ein Stück Papier als Zahlungsmittel und ein Stück Land als Privateigentum gilt[8], wird durch sie auch festgelegt, dass soziale Handlungen Beziehungen als Beziehungen einer bestimmten Art definieren. Die in Searles Formel durch »K« bezeichneten Kontextumstände, unter denen etwas als etwas gilt, sind dabei jeweils kontingent – man kann sich Kontexte vorstellen, in denen 10-Euro-Scheine nur als Papier und nicht als Zahlungsmittel gelten, und solche, in denen jemanden zu küssen nicht als Bekundung von Nähe, sondern als soziale Stigmatisierung gilt. In beiden Fällen aber gilt: Unter bestimmten Umständen legen kollektive Intentionen fest, dass etwas als etwas gilt, dass ein materielles Objekt eine soziale Bedeutung hat oder eine soziale Handlung eine Beziehung als Beziehung einer bestimmten Art definiert.

2. Explizite und implizite Beziehungsdefinitionen

Soziale Handlungen definieren Beziehungen, aber sie können dies auf verschiedene Weisen tun, und für das Verständnis von Lügen ist es wichtig zu sehen, auf welche Weisen sie dies tun können. Beziehungsdefinitionen können explizit oder implizit sein. Etwas genauer möchte ich vorschlagen, fünf Weisen der Definition einer Beziehung, von denen zwei explizit und drei implizit sind, zu unterscheiden.

(A) *Explizite Beziehungsdefinitionen*

(A1) *Performative Beziehungsdefinitionen*: Manchmal können wir eine Beziehung performativ definieren, d. h. *indem* wir bestimmte Sprachhandlungen vornehmen, die diese Beziehung dann herstellen. Dies geschieht manchmal durch die an der Beziehung beteiligten Personen, manchmal aber auch durch Personen, die durch institutionelle Arrangements dazu befugt sind, eine Beziehung zu definieren.[9] »Hiermit setze ich meine Tochter zur Alleinerbin meines Vermögens ein« definiert performativ die Beziehung zwischen dem Sprecher und seiner Tochter als die zwischen Erblasser und Erbin. »Hiermit traue ich Euch zu Mann und Frau« oder »Hiermit erkläre ich die Ehe für geschieden« definiert, gesagt in den passenden Umständen und durch eine dazu befugte Person, eine Beziehung als Ehe bzw. als nicht mehr bestehende Ehe. Mit »Hiermit ernenne ich Dich, Charles, zum König« oder »Hiermit entlasse ich Sie aus dem Amt des Außenministers« wird die Beziehung zu einer Person als eine solche definiert, die das entsprechende Amt innehat oder nicht mehr innehat. Mit »Nimm hin den Heiligen Geist etc.« bei der Konfirmation wird die Beziehung zwischen Gemeinde und Konfirmiertem neu, nämlich als Beziehung zwischen vollwertigen Mitgliedern, definiert. Hier wird durch die Sprachhandlung selbst die Beziehung definiert.

(A2) *Beschreibende Beziehungsdefinitionen*: Es kann auch sein, dass eine Beziehungsdefinition explizit ist, aber nicht durch eine performative Sprachhandlung vollzogen wird, sondern durch eine Sprachhandlung, die die Beziehung *beschreibt*. Hierbei ist Folgendes zu berücksichtigen: Soziale Handlungen sprechen nicht immer eine eindeutige Sprache. Soziale Definitionen einer Beziehung sind nicht notwendig *exakte* Definitionen. Eine soziale Handlung legt als soziale Definition einer Beziehung fest, dass *diese* Handlung aus Sicht des Handelnden zu der Beziehung gehört. Sie lässt aber z. B.

offen, welche anderen Handlungen aus Sicht des Handelnden auch noch dazugehören – ob etwa jemandes Umarmung zu erwidern als Einladung zu weiteren Annäherungen aufgefasst werden kann oder nicht – und ob die die Beziehung definierende Handlung auf Wiederholung angelegt ist und vom Handelnden so verstanden wird oder ob es sich um eine »Rosenmontagsaktion« handelt, mit der die Beziehung nur kurzzeitig und als Ausnahmezustand definiert wird. Es ist also keineswegs immer klar, wie *genau* eine soziale Handlung eine Beziehung definiert, und je präziser wir eine Beziehung definieren wollen, desto mehr eröffnen sich Unklarheiten, Spielräume des möglichen Verstehens von Handlungen und Interpretationsunsicherheiten. Daher wird es in vielen Fällen zum Ausräumen von Mehrdeutigkeiten und Erreichen einer präziseren Beziehungsdefinition angezeigt sein, mit einer expliziten Sprachhandlung klarzustellen, wie *genau* eine Handlung eine Beziehung definiert. Dies können wir tun, indem wir die Beziehung *beschreiben*. Wir definieren sie dann durch eine beschreibende Sprachhandlung. »Nur damit das klar ist: Wir sind weiterhin gute Kollegen, kein Paar!«, mag man zwecks Klarstellung einem Kollegen sagen, mit dem man vorher in ein nicht rein dienstlich begründbares Kooperationsverhältnis getreten ist. »Wir sind geschiedene Leute!« beschreibt eine Beziehung als eine der größtmöglichen Distanz und stellt klar, dass vorangegangene sozial distanzierende Handlungen »auf Dauer gestellt« sind. »Ich spreche mit Ihnen als Ihre Vorgesetzte!« beschreibt eine Beziehung als Beziehung zwischen Vorgesetzter und Untergeordnetem und präzisiert dadurch die Definition der Beziehung.

Die Differenz zwischen performativen und beschreibenden expliziten Beziehungsdefinitionen ist – in der Terminologie Searles – auf die Differenz zwischen konstitutiven und regulativen Regeln zurückzuführen.[10] Eine performative Äußerung wie »Hiermit traue ich Euch zu Mann und Frau«, gesagt von einer dazu befugten Person in den passenden Umständen, *konstituiert* eine Beziehung zwischen Eheleuten; eine beschreibende Sprachhandlung wie »Wir sind gute Freunde, kein Paar!« *reguliert* eine bereits bestehende Beziehung durch Präzisierung des Beziehungsstatus. Sie stellt eine Spezifikation eines bis dato nur grob, aber noch nicht präzise definierten Beziehungsstatus dar und reguliert insofern eine bestehende Praxis. Die Regel »X zählt als Y in K« wird im ersten Fall als konstitutive, im zweiten Fall als regulative Regel angewendet. Dass wir uns auf diese Weise darüber verständigen müssen, wie *genau* eine Beziehung zu verstehen ist, und dass wir dies immer wieder neu aushandeln müssen, ändert aber nichts daran, dass auch die beschreibende Definition einer Beziehung nicht von individuellen Intentionen abhängt. Auch eine beschreibende Sprachhandlung definiert eine Beziehung aufgrund dessen, was die verwendeten Ausdrücke gemäß sprachlichen Konventionen, die von kollektiven Intentionen festgelegt werden, bedeuten und ist insofern nicht privat. Für die Struktur unserer Beziehungen kommt es darauf an, was wir tun, nicht darauf, wie wir das, was wir tun, sehen wollen. »Es war nicht so gemeint« ist keine Möglichkeit, dem zu entkommen – auch, wie sich zeigen wird, für den Lügner nicht.

(B) *Implizite Beziehungsdefinitionen*

Beziehungen können auch implizit – durch Handlungen, die den Beziehungsstatus weder performativ noch beschreibend definieren – definiert werden, und dies kann wiederum auf verschiedene Weisen geschehen.

(B1) *Beziehungsdefinition aufgrund von geteiltem Wissen*: Beziehungen können implizit durch Handlungen definiert werden, weil beide Parteien ein Wissen über die soziale Bedeutung dessen, was sie (in einem bestimmten Kontext) tun, haben. Ein Handschlag definiert eine Beziehung aufgrund dessen, was man über die soziale Bedeutung von Handschlägen weiß. Wir wissen im Allgemeinen, was es sozial bedeutet, jemanden zum Abschied zu umarmen oder eisiges Schweigen an den Tag zu legen, und manchmal kann ein Blickkontakt reichen, um die Beziehung zwischen zwei Personen als Feindschaft oder als eine, in der man »Interesse aneinander hat«, zu definieren, denn man weiß, was Blicke bedeuten. Wir wissen im Allgemeinen um die soziale Bedeutung dessen, was wir tun, und müssen daher auch nicht explizit machen, wie wir damit Beziehungen sozial definieren.

(B2) *Beziehungsdefinition qua Voraussetzung*: Eine Beziehung kann implizit auch dadurch definiert werden, dass Sprachhandlungen vollzogen werden, deren *Voraussetzungen* die Beziehung als Beziehung einer bestimmten Art definieren. Manchmal sagen wir etwas, was eine Beziehungsstruktur voraussetzt, die wir aber als solche nicht thematisch machen. Wir behandeln das Bestehen dieser Beziehungsstruktur dann häufig als eine Selbstverständlichkeit, obwohl wir durch das, was wir sagen, die Beziehung erst als eine Beziehung dieser Art definieren. Diese Voraussetzungen können grundsätzlich explizit gemacht und zur Diskussion gestellt werden, müssen es aber nicht, und wenn sie nicht explizit gemacht werden, definieren sie eine Beziehung implizit.[11]

Ein Beispiel hierfür ist Verzeihen.[12] Wer jemandem verzeiht, macht dabei Voraussetzungen, die die Beziehungen zwischen ihm und der Person, der er verzeiht, definieren. Wer sagt: »Ich verzeihe dir«, präsupponiert eine bestimmte Beziehungsstruktur zwischen sich und dem Adressaten der Äußerung. Da Verzeihen von Entschuldigen zu unterscheiden ist – wir können ein Handeln nur verzeihen, wenn es nicht entschuldigt ist; ist es entschuldigt, stellt sich die Frage des Verzeihens nicht –, setzt, wer verzeiht, voraus, dass jemand schuldhaft gehandelt hat. Er setzt zudem voraus, dass er selbst die Autorität zu verzeihen hat. Er definiert damit die Beziehung zwischen der Person, der er verzeiht, und sich selbst mittels der beim Verzeihen in Anspruch genommenen Voraussetzungen als die Beziehung zwischen einer Person, die schuldhaft gehandelt hat und die daher auf die Verzeihung anderer angewiesen ist, und einer Person, die diese Verzeihung gewähren kann. Diese Beziehungsdefinition wird, weil sie über Voraussetzungen eingeführt wird, im Allgemeinen nicht thematisch werden. Sie wird die Beziehung »unter dem Radar« des auf der Oberfläche der sozialen Interaktion Wahrnehmbaren als eine Beziehung der Abhängigkeit und Angewiesenheit definieren. Ibsen stellt in seinem Emanzipationsdrama *Nora* dar, dass Helmer seiner Frau Nora in gönnerhafter Attitüde ein vermeintliches Fehlverhalten verzeiht, um die Beziehung zwischen beiden als eine Beziehung der Abhängigkeit zu definieren, in der sie, Nora, als Schuldige auf die großmütige Verzeihung ihres Ehemanns Helmer und seine Gunstbezeugungen angewiesen ist.[13] Er verzeiht ihr, um sie als Schuldige zu stigmatisieren und die Beziehung zwischen ihr und ihm implizit als eine der Abhängigkeit und der Angewiesenheit zu definieren.

(B3) *Beziehungsdefinition durch Aktionsmacht*: Eine implizite Beziehungsdefinition liegt auch vor, wenn eine Handlung durch schiere Gewalt – ohne Bezugnahme auf ein geteiltes Wissen und nicht mittels Voraussetzungen – eine Beziehung definiert. Beziehungsdefinitionen können das Resultat einer Form der Machtausübung sein, die in der Ausübung von »Aktionsmacht«, also im Einsatz physischer Gewalt, besteht.[14] Jemanden zu vergewaltigen, zu morden, zu foltern, ihn physisch zu attackieren heißt, die Beziehung zu ihm durch das, was man tut, zu definieren. Genauer: Es heißt, das Gegenüber zu *verdinglichen*, die Beziehung zu ihm als die zu einem Ding zu definieren. Die Botschaft, die mit solchen Gewalthandlungen implizit an das Opfer gesendet wird, ist: »Du zählst nicht als Person. Deine Interessen sind irrelevant. Du bist ein Ding, das ich zur Durchsetzung meiner Interessen benutzen darf.« Implizit ist diese Botschaft, weil sie nicht als solche ausgesprochen werden muss, um verstanden zu werden; die Handlungen sprechen hier als *bruta facta* für sich selbst. Aktionsmacht definiert eine Beziehung durch bloßes Handeln. Lügen, so wird sich zeigen, sind zwar offensichtlich nicht in dieser Weise als Beziehungsdefinitionen durch Aktionsmacht aufzufassen, aber sie sind dieser Art der Beziehungsdefinition doch in relevanter Hinsicht ähnlich, und sie weisen von allen hier genannten Beziehungsdefinitionen die größte Nähe zu der hier unter (B3) genannten auf.

Explizite und implizite Beziehungsdefinitionen schließen einander nicht aus. Wir gestalten Beziehungen im Allgemeinen durch beide Arten von Beziehungsdefinitionen, etwa, indem wir sie implizit durch Bezugnahme auf ein gemeinsames Wissen über soziale Bedeutungen gestalten, aber gelegentlich innehalten, um uns über einen Beziehungsstatus explizit rückzuversichern und diesen gegebenenfalls neu zu justieren (»Sind wir eigentlich noch ein Paar?« »Sind wir noch befreundet oder haben wir nur noch eine Geschäftsbeziehung?« »Sind wir noch berufliche Konkurrenten oder schon Feinde?«).

Mit Blick auf Lügen ist zu betonen: Die Unterscheidung verschiedener Formen von Beziehungsdefinitionen zeigt, dass die Gestaltung von Beziehungen keineswegs durch explizite Beziehungsdefinitionen erfolgen muss. Sie kann durch Handlungen, die aber keine performativen Sprachhandlungen sind und den Beziehungsstatus auch nicht beschreiben, und durch nichts als diese erfolgen. Wie sich unsere Beziehungen im Laufe unseres Lebens verändern – Freundschaften entstehen und zerbrechen, Geschäftsbeziehungen zu Liebesbeziehungen werden, kollegiale Verhältnisse sich lösen oder festigen etc. –, ist häufig Resultat einer solchen impliziten Redefinition von Beziehungsstrukturen. So sind beispielsweise Entfremdungen im Allgemeinen das Resultat impliziter Beziehungsredefinitionen. Eine Nahbeziehung kann in Folge sich ändernder Lebensumstände zunächst zu einer kooperativen, aber nur noch strategisch durch das Verfolgen gemeinsamer Ziele (wie Kindererziehung und Einkommenssicherung) definierten Beziehung und dann, wenn die gemeinsamen Ziele wegbrechen, zu einer Beziehung des wortlosen Nebeneinander-her-Lebens werden. Dass die Beziehung auf diese Weise implizit redefiniert wurde, stellt man im Allgemeinen erschrocken fest, wenn es geschehen ist. Man entfremdet sich nicht, indem man sich sagt, dass man sich entfremdet. Man entfremdet sich durch Handlungen und Lebensweisen.

Dabei kann die implizite Definition einer Beziehung zur expliziten in einen scharfen Kontrast treten. In Michael Hanekes Film *Das weiße Band* wird dargestellt, wie ein Dorfpastor seine drei Kinder systematisch demütigt und erniedrigt. Er fesselt seinen Sohn mit den Händen ans Bett, um ihn an »unsittlichen Handlungen« zu hindern, demütigt seine Tochter öffentlich für belanglose Regelverstöße und unterzieht seine Kinder regelmäßig Strafritualen.[15] Diese Handlungen definieren die Beziehung zwischen Vater und Kindern implizit als eine Herrschaftsbeziehung, in der der Vater eigene Machtgelüste auf Kosten der Kinder auslebt. Begleitet aber werden diese Handlungen von Bekundungen des väterlichen Wohlwollens und der Fürsorge – zu seiner eigenen Betrübnis und nur zu ihrem Besten und um sie »auf den rechten Weg zu bringen«, so bekundet der Vater, müsse er die Kinder, die er doch von Herzen liebe, strafen. Während die Beziehung implizit durch Handlungen der Gewalt definiert wird, wird sie explizit als eine Beziehung der

Liebe und Fürsorge definiert. Wer sich solchen gegenläufigen Beziehungsdefinitionen ausgesetzt sieht, findet sich, wie es in Hanekes Film die Kinder tun, in einer Situation des *double-bind*, in der ihm auf verschiedenen Ebenen gänzlich unterschiedliche Signale gesendet werden.[16] Eine Möglichkeit, die damit verbundene kognitive Dissonanz – nicht zu wissen, an welche Beziehungsdefinition, ob an die explizite oder an die implizite, man sich halten soll – aufzulösen[17], besteht darin, die eigene Interpretation der impliziten Beziehungsdefinition als verfehlt in Frage zu stellen: Wenn das Gegenüber so eindringlich bekundet, einen zu lieben, dann *muss* ja die Interpretation seines Handelns als Gewalthandeln verfehlt sein, weil sich ein Gewalthandeln nicht mit Liebe und Fürsorge in Einklang bringen ließe. Da wir in solchen Fällen lieber der expliziten als der impliziten Beziehungsdefinition folgen *wollen* – wir wollen im Allgemeinen lieber geliebt als gedemütigt werden –, liegt es dann durchaus nahe zu glauben, dass mit einem selbst etwas verkehrt sein müsse, wenn man die Handlungen des Gegenübers als das auffasst, was sie sind: Handlungen der Gewalt. Diese Möglichkeit des Auseinanderklaffens von impliziter und expliziter Beziehungsdefinition wird sich auch für Lügen als relevant erweisen.

3. Definition versus Interpretation von Beziehungen

An dieser Stelle ist auf die Differenz zwischen dem *Definieren* einer Beziehung als Beziehung einer bestimmten Art und dem *Auffassen* oder *Interpretieren* einer Beziehung als Beziehung einer bestimmten Art hinzuweisen. Das eine ist es zu fragen, wie jemand durch seine Handlungen eine Beziehung definiert. Etwas anderes ist es aber zu fragen, wie der Handelnde diese Beziehung auffasst; welchen subjektiven Sinn er damit verbindet, wie er sie interpretiert.

Oben wurde gesagt, dass Handlungen Beziehungen definieren und ihre Bedeutung festlegen und dass diese Bedeutungsfestlegung nicht privat ist. Die durch die Beziehungsdefinition festgelegte Bedeutung der Beziehung ist *objektiv* in dem Sinne, dass sie unabhängig ist von individuellen Intentionen und Interpretationen. Von der Definition der Beziehung abzugrenzen ist aber die *Auffassung* oder *Interpretation* einer Beziehung. Diese ist *subjektiv*. Jemand kann eine Beziehung auf eine Weise interpretieren, die nicht der Definition der Beziehung durch seine Handlungen entspricht und dieser sogar gegenläufig ist. Im oben genannten Beispiel der Handlungen des Pastors in Hanekes *Weißem Band* etwa gilt: Die Handlungen des Pastors *definieren* die Beziehung zu seinen Kindern als eine Beziehung der Gewalt, was auch immer er darüber sagt. Den Sohn an das Bett zu fesseln *heißt*, Gewalt auszuüben und die Beziehung zu ihm als Gewaltbeziehung zu definieren, ganz gleichgültig, wie der Handelnde dies sieht. Aber es ist keineswegs gesagt, dass der Handelnde diese Beziehung auch so *auffasst*. Es ist keineswegs ausgeschlossen, dass er die Beziehung zu seinen Kindern tatsächlich subjektiv als eine Beziehung der Fürsorge und des väterlichen Wohlwollens *auffasst*, während er sie gleichzeitig durch seine Handlungen objektiv als eine Beziehung der Gewalt *definiert*. Man kann eine Beziehung als Beziehung einer bestimmten Art definieren und sie als Beziehung einer ganz anderen Art auffassen oder verstehen. Auch in Bezug auf Lügen wird daher die Frage, wie der Lügner die Beziehung durch das, was er tut, definiert, von derjenigen zu unterscheiden sein, wie er diese Beziehung auffasst. Auch Lügner können die Beziehung zum Belogenen als Beziehung einer Art interpretieren, die nicht der Art von Beziehung entspricht, als die sie die Beziehung durch ihr Handeln definieren – und sie tun es oft.

II

WIE DEFINIEREN LÜGEN EINE BEZIEHUNG?

Im Vorhergehenden war allgemein von der sozialen Definition einer Beziehung durch Handlungen die Rede – inwiefern aber definieren nun *Lügen* eine Beziehung?

1. Lügen als Beziehungsdefinition sui generis

Beziehungen können, so wurde betont, *implizit* sozial definiert werden. Die soziale Definition von Beziehungen ist keinesfalls an Explizitheit gebunden, und sie ist keinesfalls notwendig ein kommunikativer Akt. Diese Möglichkeit der Implizitheit ist von zentraler Bedeutung für Lügen, da Lügen – mit zwei noch zu nennenden Einschränkungen – *verdeckte* Sprechakte sind, also sich nicht als Lügen zu erkennen geben.[18] Diese Verdecktheit schließt keinesfalls aus, dass man Lügen als eine Form des sozialen Handelns versteht, mit denen, wie mit allen anderen sozialen Handlungen auch, Beziehungen definiert werden. Auch wer lügt, setzt sich zu einem anderen, dem Belogenen, in Beziehung und definiert die Beziehung zu ihm. Man muss jemandem nicht *sagen*, wie man die Beziehung zu ihm definiert, um sie so zu definieren, wie man es handelnd tut. Man kann es verdeckt tun.

Inwiefern genau aber ist eine Lüge ein *verdeckter* Sprechakt, also ein Sprechakt, der sich nicht als das, was er ist, zu erkennen gibt? Eine Lüge ist nicht per se ein verdeckter Sprechakt, sondern nur mit zwei Einschränkungen. Die erste Einschränkung ist eine zeitliche. Die Lüge ist *zum Zeitpunkt des Lügens* verdeckt. Das schließt nicht aus, dass sie vorher, wenn man im Ankündigungsmodus spricht, offengelegt wird. Man kann ankündigen, dass man in den nächsten Stunden einige Lügen in die eigene Rede einfließen lassen wird. Ein Paar kann sich zu Beginn einer Beziehung darauf verständigen, dass man, wenn man einen Seitensprung begeht, den anderen belügen wird. Es gibt Lügen mit Ansage, und wer nach Ansage belogen wird, kann zwar von sich sagen, dass er, als er belogen wurde, nicht wusste, dass er belogen *wurde*, weil die Lüge zu diesem Zeitpunkt verdeckt war, aber nicht, dass er nicht vorher wusste, dass er belogen *werden würde*. Die Lüge kann angekündigt, sie kann aber nicht zum Zeitpunkt der Lüge als solche offengelegt werden. Eine performative Formel wie »Hiermit belüge ich dich« können wir uns – anders als die Ankündigung »Ich werde dich belügen« – nicht vorstellen, weil eine (vermeintliche) Lüge, die sich gegenüber dem Belogenen zum Zeitpunkt der Lüge durch diese Formel als Lüge zu erkennen gäbe, keine Lüge mehr wäre. Kontexte, in denen diese Formel zum Einsatz kommen könnte – etwa wenn Kinder ein Spiel spielen, bei dem gewinnt, wer am besten lügen kann, und bei dem die Teilnehmenden ihre jeweiligen Beiträge mit »Hiermit lüge ich« oder »Jetzt lüge ich« einleiten –, würden sich bei näherem Hinsehen als solche entpuppen, in denen nur scheinbar gelogen würde, da die Täuschungsabsicht (von der noch näher die Rede sein wird) mit der performativen Formel aufgehoben würde. In dem genannten Spiel würden Kinder so tun, als würden sie lügen, aber nicht lügen. Sie würden Lügen spielen.

Die zweite Einschränkung ist adressatenbezogen. Die Lüge ist verdeckt nur insofern, als sie *gegenüber dem Belogenen* verdeckt ist. Zwar können wir uns keine performative Formel wie »Hiermit belüge ich *dich*«, wohl aber eine wie »Hiermit belüge ich *ihn*« vorstellen, und die Lüge ist dann gegenüber dem Adressaten *dieser* Aussage nicht verdeckt. A kann den B belügen, sich aber kurz vorher an den ebenfalls anwesenden C mit einem *aside* wenden und ihm – wie die Figuren in Shakespeares Stücken, die *ad spectatores* sprechen und damit das Publikum, nicht aber die anderen Dramenfiguren in ihre Pläne einweihen – zuraunen: »Pass auf – jetzt lüge ich ihn an!«. Die Lüge ist verdeckt gegenüber B, aber nicht gegenüber C. Und A kann mit der an B adressierten, aber gegenüber C offengelegten Lüge C Wichtiges kommunizieren – insbesondere, was er gegenüber B im Schilde führt, aber auch, dass zwischen ihm, A, und C eine Gemeinschaft der Wissenden besteht, aus der B ausgeschlossen ist. Er definiert die Beziehung zu B durch eine Lüge und lässt C, nicht aber B, wissen, wie er sie definiert. Eine (häufig intendierte) Wirkung der Lüge kann auch im Ausschluss des Belogenen aus Gemeinschaften und seiner sozialen Isolierung bestehen – wie jeder weiß, der schon einmal erfahren hat, dass er über etwas belogen wurde, »was alle anderen wussten«, und dass er nicht nur belogen wurde, sondern der Lügner sich anderen als Lügner offenbart hat. Dies ist nur möglich, weil die Lüge gegenüber dem Belogenen, aber auch *nur* ihm gegenüber verdeckt ist.

Aufgrund dieser adressatenbezogenen Verdecktheit zum Zeitpunkt des Lügens definiert eine Lüge eine Beziehung *einseitig*. Sie gibt sich nicht als das, was sie ist, zu erkennen, und unterbindet damit die Möglichkeit, die Beziehungsdefinition als Ausgangspunkt für einen Verständigungs- oder Aushandlungsprozess anzusehen. Fragt man jemanden, ob man vom »Sie« zum »Du« übergehen will, schlägt also vor, die Beziehung als eine zu definieren, die durch ein geringeres Maß an sozialer Distanz gekennzeichnet ist, kann die andere Person diesen Vorschlag annehmen oder ablehnen, und man wird sich auf die Variante verständigen, die beiden recht ist. Wir verständigen uns in Form solcher Aushandlungsprozesse darauf, dass gelegentlich miteinander ins Kino zu gehen, nicht aber miteinander in den Urlaub zu fahren zu einer Beziehung gehört, dass wir nur in dienstlichen Kontexten miteinander sprechen oder eine Nahbeziehung eingehen. Eine Lüge hingegen »setzt« eine Beziehungsdefinition. Der Belogene wird nicht gefragt.

Hierdurch unterscheidet sich eine Beziehungsdefinition durch die Lüge von den oben genannten Beziehungsdefinitionstypen (A1), (A2) und (B1), also von expliziten Beziehungsdefinitionen, durch performative Sprechakte oder beschreibende Sprachhandlungen und von der impliziten Beziehungsdefinition durch Bezugnahme auf ein gemeinsames Wissen. Aber wodurch unterscheidet sie sich von einer Beziehungsdefinition der Art (B2)? Auch eine solche Beziehungsdefinition, die mittels Voraussetzungen einer Redehandlung eine Beziehung definiert, ist einseitig. Auch Helmer definiert die Beziehung zu Nora einseitig durch die Voraussetzungen des Verzeihens als eine Beziehung der Abhängigkeit und der Angewiesenheit. Auch sie wird nicht gefragt. Lügen unterscheiden sich aber von Beziehungsdefinitionen dieser Art dadurch, dass sie nicht nur einseitig sind, sondern darüber hinaus dem Gegenüber auch *keine Möglichkeit zur Redefinition* der Beziehung geben. Er kann sich gegen die durch das Lügen vorgenommene Beziehungsdefinition nicht wehren. Er weiß ja nicht, dass die Beziehung so definiert wurde, also kann er die Definition auch nicht zurückweisen. Durch diese Unmöglichkeit der Redefinition unterscheidet sich Lügen sowohl von expliziten Beziehungsdefinitionen als auch von impliziten Beziehungsdefinitionen durch Bezugnahme auf ein gemeinsames Wissen *und* von Beziehungsdefinitionen durch Voraussetzungen von Redehandlungen. Das Angebot, vom »Sie« zum »Du« überzugehen, kann man ablehnen; einem kumpelhaften »Helmut, alter Junge, wie geht's?« kann man sich durch ein distanzierendes »Für Sie bin ich immer noch Herr Dr. Kohl!« entziehen. Auch gegen Beziehungsdefinitionen durch Voraussetzungen kann man sich insofern wehren, als man diese Voraussetzungen grundsätzlich ans Licht bringen, sie explizit machen und hinterfragen kann. Nora könnte im oben genannten Beispiel den ihr großmütig verzeihenden Helmer zur Rede stellen (und tut es auch), indem sie die von ihm gemachten Voraussetzungen explizit machte und hinterfragte. Ist es wirklich so, dass sie schuldhaft falsch gehandelt hat, dass sie als arme Sünderin auf die Gunst Helmers angewiesen ist? Voraussetzungen können, sind sie einmal identifiziert, »blockiert« werden.[19] Lügen hingegen können vom Belogenen nicht blockiert werden, denn sie bleiben, wenn erfolgreich, im Dunkeln. Sie definieren die Beziehung, und sie geben keine Chance zur Redefinition.

Diese beiden Merkmale der Beziehungsdefinition durch eine Lüge – ihre Einseitigkeit und die Unmöglichkeit der Redefinition – verweisen auf die *Ähnlichkeit* dieser Art von Beziehungsdefinition zu Beziehungsdefinitionen der Art (B3), also zu Aktionsmacht. Ähnlichkeit ist nicht Gleichheit. Es ist offensichtlich, dass eine Lüge *nicht* in der Ausübung von Aktionsmacht besteht. Wer lügt, übt nicht physische Gewalt aus. Wohl aber besteht auch Lügen in der Ausübung von *Macht*.[20] Eine (erfolgreiche) Lüge ist der Ausübung von Aktionsmacht darin ähnlich, dass offensichtlich auch Aktionsmacht einseitig ausgeübt wird und dem Gegenüber keine Chance zur Redefinition lässt. Sie »setzt« die Struktur einer Beziehung, gibt sie für einen Aushandlungs- oder Verständigungsprozess gar nicht frei. Jemanden zu schlagen, zu foltern oder zu demütigen, oktroyiert eine Beziehungsstruktur, die nicht redefiniert werden kann. Lügen ist dem ähnlich, denn auch Lügen sind eine Form der Machtausübung. Der Lügende setzt seinen Willen gegen von ihm vermutete Widerstände, die im Falle der Offenheit des Sprechaktes zum Tragen kämen, durch.[21] Orientiert man sich an der durch den Soziologen Heinrich Popitz vorgenommenen Unterscheidung verschiedener Formen der Macht, wird man die Machtausübung durch Lügen als Ausübung »autoritativer Macht« einstufen, da sie auf der Steuerung von Einstellungen gegenüber dem Machtausübenden beruht.[22] Der Lügende übt, wenn erfolgreich, Macht aus, indem er die Einstellung des Belogenen zum Lügenden in der Weise lenkt, dass der Belogene den Lügenden für aufrichtig und das von ihm Gesagte für wahr hält und er auf der Grundlage dieser Annahmen handelt. Damit handelt er, wie in Abschnitt 3 dieses Kapitels genau auszuführen sein wird, so, dass er »nicht tut, was er ›eigentlich‹ will«, d.h. der Lügende setzt seinen Willen durch die Steuerung der Einstellung des Belogenen gegen den gegenläufigen Willen des Belogenen durch, der keine Chance hat, die Beziehungsstruktur zu redefinieren und mitzubestimmen.

Lügen sind insofern eine Beziehungsdefinition, aber auch eine Beziehungsdefinition sui generis. Sie sind mit keiner der in Kapitel I 2 genannten Arten von Beziehungsdefinitionen identisch und unter keine der dort genannten Kategorien subsumierbar. Sie sind aber als einseitige Beziehungsdefinitionen, die keine Chance zur Redefinition lassen, der Ausübung von Aktionsmacht, also der Variante (B3), ähnlich und können wie diese als Form der Machtausübung angesehen werden.

2. Lüge und Täuschungsabsicht

Aber wie genau definieren Lügen eine Beziehung? Um das zu klären, muss man auf das zweite konstitutive Element der Lüge – neben ihrer Verdecktheit – zu sprechen kommen: auf die mit der Lüge verbundene Täuschungsabsicht.

Die Frage, ob eine Lüge mit einer Täuschungsabsicht verbunden ist oder nicht, ist von derjenigen, ob eine Lüge verdeckt oder offen ist, zu unterscheiden. Die zweitgenannte Frage bezieht sich auf den Grad der Offenheit, mit der jemand den Sprechakt, den er vollzieht, als solchen kenntlich machen kann. Behauptung und Fragen z. B. gehören zu den Sprechakten, die nicht notwendig verdeckt sind, weil man die Natur dieser Sprechakte offenlegen kann (natürlich nicht muss), indem man sie durch performative Formeln wie »Ich behaupte jetzt mal Folgendes…« oder »Ich frag' Dich jetzt mal was…« einleitet. Lügen aber sind, wie argumentiert wurde, adressatenbezogen verdeckt, d.h. sie können nicht zum Zeitpunkt der Lüge gegenüber dem Adressaten der Lüge *als Lügen* kenntlich gemacht werden. Wohl aber können sie *als Behauptungen* (oder als andere konstative Sprechakte) nicht-verdeckte Sprechakte sein, d.h. man kann z.B. problemlos lügen, indem man etwas sagt wie: »Ich behaupte jetzt, dass p«. Man lügt dann nicht, weil man vorgeben würde, dass man etwas behauptet, obwohl man nichts behauptet oder nicht glaubt, dass man etwas behauptet, sondern weil man tatsächlich etwas behauptet, von dem man aber annimmt, dass es nicht der Fall ist, und an dessen Wahrheit man das Gegenüber glauben lassen möchte.

Lügen *sind* auf diese Weise an Behauptungen – genauer: an konstative Sprechakte, zu denen neben Behauptungen auch z.B. Feststellungen oder Voraussagen gehören können – gebunden.[23] Dass sie an diese *gebunden* sind, heißt allerdings nicht, dass sie selbst notwendig behauptende (oder andere konstative) Spreachakte *sind*. Natürlich *kann* dies der Fall sein; man kann z.B. lügen, indem man etwas behauptet. Man kann aber auch lügen, indem man einen nicht-konstativen, z.B. einen kommissiven Sprechakt vollzieht, der aber an eine Behauptung in dem Sinne gebunden ist, dass er die Wahrheit dieser Behauptung als Aufrichtigkeitsbedingung voraussetzt. So kann man lügnerisch etwas versprechen, obwohl ein Versprechen selbst kein konstativer, sondern ein kommissiver Sprechakt ist. Sagt jemand: »Ich verspreche dir, dich morgen zu besuchen«, ist aber bei Abgabe des Versprechens schon fest entschlossen, eben dies nicht zu tun, lügt er – er »verspricht lügnerisch« –, denn seine Äußerung ist an die Behauptung »Ich habe die Absicht, dich morgen zu besuchen« in dem Sinne »gebunden«, dass deren Wahrheit eine Aufrichtigkeitsbedingung für ein ernsthaftes Versprechen ist, und eben diese Behauptung ist falsch und wird vom lügenhaft Versprechenden auch für falsch gehalten. Ist aber eine Äußerung nicht an eine Behauptung oder an einen anderen konstativen Sprechakt gebunden, kann man mit ihr nicht lügen, möglicherweise aber irreführen. Sagt A dem B: »Ich muss dringend zum Zahnarzt« und fordert B den A daraufhin auf: »Dann nimm doch mein Auto, hier sind die Schlüssel!«, weiß aber genau, dass sein Auto überhaupt nicht fahrbereit ist, führt B den A in die Irre, aber da Bs direktiver Sprechakt nicht an eine Feststellung oder Behauptung, die er selbst für falsch hält, gebunden ist, lügt er nicht. Und natürlich liegt auch keine Lüge vor, wenn überhaupt kein Sprechakt vollzogen wird, sondern jemand andere durch sein Verhalten irreführt. Der Fußballspieler, der sich, um Zeit zu schinden, mit schmerzverzerrtem Gesicht auf dem Boden wälzt und vorgibt, jetzt schlimme Schmerzen zu haben, obwohl das nicht der Fall ist, schauspielert, heuchelt, täuscht, führt jemanden in die Irre – aber er lügt nicht.

Es trifft also sowohl zu, dass Lügen an Behauptungen oder andere konstative Sprechakte gebunden sind, als auch, dass Lügen stets *als* Lügen, nicht aber notwendig *als* Behauptungen oder als andere konstative Sprechakte wie Feststellungen oder Voraussagen adressatenbezogen verdeckt sind. Zwischen beiden Aussagen besteht kein Widerspruch, weil Sprechakte immer als Sprechakte *einer bestimmten Art* verdeckt oder offen sind. Sind Lügen Behauptungen, sind sie sowohl Behauptungen als auch lügenhafte Behauptungen; als Sprechakte der zweiten Art sind sie dann adressatenbezogen verdeckt, als Sprechakte der ersten Art nicht.

Im Gegensatz zur Frage nach Verdecktheit oder Offenheit bezieht sich die Frage, ob Lügen mit Täuschungsabsichten verbunden sind oder nicht, auf die *Intentionen* des Sprechers. Man kann verdeckt sprechen und doch sehr aufrichtig sein, etwa indem man jemandem verdeckt eine Liebeserklärung macht, also nicht offen spricht, aber durchaus intendiert, dass das Gegenüber das Gesagte als Liebeserklärung versteht. Man kann auch offen sprechen und unaufrichtig sein, insbesondere indem man etwas sagt, was man selbst für wahr hält, aber das Gegenüber durch Aussparen relevanter Informationen zu täuschen versucht. (Von solchen Fällen wird in Kapitel VI noch genauer die Rede sein.) Dabei ist zu berücksichtigen, dass die Verwendung des Verbs »täuschen« der von Ryle diagnostizierten Doppeldeutigkeit unterliegt, die darin besteht, dass es sowohl zur Bezeichnung eines Prozesses als auch zur Bezeichnung des damit angezielten Erfolgs verwendet werden kann.[24] Wenn A mittels einer lügenhaften Behauptung vergeblich versucht, den B glauben zu machen, dass p der Fall sei, kann man dies so beschreiben, dass A den B vergeblich zu täuschen *versucht*, also »täuschen« als Erfolgswort verwenden, aber auch so, dass A den B täuscht, also »täuschen« als Prozesswort verwenden. Beide Verwendungsweisen sind alltagssprachlich gängig. Wenn im Folgenden gefragt wird, ob Lügen mit Täuschungsabsichten verbunden sind, dann wird »täuschen« als Erfolgswort verwendet. Demnach sind Lügen, auch wenn sie mit Täuschungsabsichten verbunden sind, keine Unterarten von Täuschungen, d.h. sie sind nicht unter den Begriff der Täuschung subsumierbar[25], zielen aber auf Täuschungen als auf ihr intendiertes Resultat ab.

Sind also Lügen mit Täuschungsabsichten verbunden? Zur Beantwortung dieser Frage ist eine von Wolfgang Künne eingeführte Differenzierung zwischen thematischer und einstellungsbezogener Täuschungsabsicht hilfreich.[26] »Thematische Täuschungsabsicht« bezieht sich auf die Intention des Lügners, dass jemand das, was er, der Lügner, behauptet, für wahr halten möge. »Einstellungsbezogene Täuschungsabsicht« bezieht sich hingegen auf die Absicht des Lügners, jemanden glauben zu machen, dass er, der Lügner, aufrichtig sei. Beides kann durchaus voneinander unabhängig sein. Es kann sein, dass jemand genau weiß, dass das Gegenüber das, was er behauptet, als falsch erkannt hat, und daher nicht (mehr) versucht, das Gegenüber glauben zu lassen, dass das, was er sagt, wahr sei, aber dennoch die Absicht hat, das Gegenüber glauben zu lassen, dass er, der Lügner, (fälschlich) glaube, dass das, was er sagt, wahr sei. In diesem Fall hätte er eine einstellungsbezogene, aber keine thematische Täuschungsabsicht.

Künne argumentiert für die These, dass eine thematische Täuschungsabsicht kein begriffliches Merkmal einer Lüge sei, da wir manchmal auch beim Fehlen einer solchen thematischen Täuschungsabsicht von einer Lüge sprechen könnten. Hierfür führt er folgendes Beispiel an:

> Der Alt-Hippie Bob sieht bei einem Blick aus einem Fenster seiner Wohnung, wie zwei Männer den hinteren Teil seines verwahrlosten Gartens inspizieren. Zu seinem grenzenlosen Missvergnügen bemerkt er, dass sie gerade den Hanf (*cannabis sativa*) entdeckt haben, den er letztes Jahr hinter dem Holunderbusch angepflanzt hat. Es klingelt, die Männer zeigen ihre Ausweise, und der eine

> sagt: »Entschuldigen Sie die Störung, Mr. Deelan. Wir sind vom Drogendezernat. Wegen einer Anzeige schauen wir uns gerade ein paar Gärten in der Vorstadt an. Könnte es sein, dass in ihrem Garten Hanf wächst?« »Nein, ganz bestimmt nicht!«, antwortet Bob. Er hofft, dass die Herren ihm in dem nun folgenden »Gespräch« abnehmen werden, dass er keine Ahnung hat, was in dem verwahrlosten Garten alles so blüht und gedeiht. Bob lügt, aber er hat keine thematische Täuschungsabsicht, denn er weiß ja nur zu gut, dass die Beamten den Cannabis längst entdeckt haben.[27]

Sollten wir das Beispiel als eines für eine Lüge bei Fehlen der thematischen Täuschungsabsicht akzeptieren? Ich glaube: ja. Wenn Bob tatsächlich *weiß*, dass die Beamten wissen, dass er Cannabis im Garten versteckt hat – also sich nicht mehr in einem Zustand des Vermutens befindet und sich nicht mehr der verzweifelten Hoffnung hingibt, dass die Beamten auf dem Weg vom Garten in seine Wohnung das Gesehene vergessen haben könnten –, und wenn er weiterhin seinen eigenen Zustand als einen des Wissens interpretiert, dann hält er es auch für *unmöglich*, dass die Beamten nicht wissen, dass er Cannabis im Garten anbaut. Er hält es dann also für unmöglich, dass sie glauben, dass er keinen Cannabis im Garten anbaut. Aber etwas, was man für unmöglich hält, kann man nicht beabsichtigen. Zwar kann man die Herbeiführung eines Zustands beabsichtigen, dessen Eintritt man für monströs unwahrscheinlich hält, aber nicht die Herbeiführung eines Zustands, dessen Eintritt man für unmöglich hält. Man kann nicht beabsichtigen, eine Zeitreise ins Mittelalter zu unternehmen oder 9 zu einer Primzahl zu machen (wohl aber beides wünschen). Bob kann daher im genannten Beispiel tatsächlich nicht intendieren, die Beamten glauben zu machen, dass kein Cannabis in seinem Garten ist, denn er hält die Herbeiführung dieses Zustands für unmöglich. Er kann also nicht intendieren, sie glauben zu machen, was er selbst für irrig hält. Er hat keine thematische Täuschungsabsicht, weil er sie nicht haben kann. Gleichwohl würde man sagen, dass er lügt, da er versucht, die Beamten wider sein besseres Wissen glauben zu machen, dass er selbst glaubt, dass kein Cannabis im Garten ist. Er hat eine einstellungsbezogene Täuschungsabsicht, und das reicht in diesem Fall, um von einer Lüge zu sprechen. Die Lüge ist auch in diesem

Fall an eine Behauptung, nämlich »Ich, der Sprecher, halte das von mir Gesagte für wahr«, gebunden, und zwar in dem Sinne, dass die Wahrheit dieser Behauptung eine Aufrichtigkeitsbedingung für die Äußerung ist, aber der Sprecher lügt nicht, indem er *diesen* Satz über sich selbst (den er für falsch hält und an dessen Wahrheit er die Adressaten der Äußerung glauben lassen will) äußert, sondern indem er einen anderen Satz (den er ebenfalls für falsch hält, an dessen Wahrheit er aber die Adressaten der Äußerungen nicht glauben lassen will) äußert, nämlich »Im Garten wächst kein Cannabis«.

Gibt es aber auch Lügen ohne einstellungsbezogene Täuschungsabsicht? Kann man lügen, ohne jemanden (mindestens) glauben machen zu wollen, dass man selbst das glaube, was man lügenhaft behaupte? Künne legt nahe, dass auch dies der Fall sei, und präsentiert folgendes Beispiel:

> Angenommen, eine Zeugin ist im Begriff, in einem Mordprozess unter Eid eine Aussage zu machen, von der sie weiß, dass sie falsch ist. Sie hat nämlich Grund zu der Befürchtung, dass die Spießgesellen des Angeklagten sie umbringen würden, wenn sie im Zeugenstand offenbaren würde, was sie über das Verbrechen weiß. Bevor sie die entscheidende Frage des Staatsanwalts beantwortet, könnte sie sicher sein, dass niemand im Gerichtssaal ihr abnehmen wird, was sie gleich sagen wird, und dass jeder im Gerichtssaal überzeugt sein wird, dass sie es auch selber nicht glaubt. Dennoch macht sie ihre Falschaussage. Sie hat bei dieser Aussage *weder* eine thematische *noch* eine einstellungsbezogene Täuschungsabsicht, aber indem sie einen Meineid leistet, lügt sie.[28]

Soll man dies als Beispiel für eine Lüge ohne einstellungsbezogene Täuschungsabsicht akzeptieren? Ich glaube: Nein.[29] Wenn die Zeugin wirklich keine einstellungsbezogene Täuschungsabsicht hat – wenn es also nicht nur der Fall ist, dass sie das Gericht nicht glauben machen will, dass das, was sie sagt, wahr ist, sondern auch, dass sie das Gericht nicht glauben machen will, dass sie selbst glaubt, dass das, was sie sagt, wahr ist –, dann liegt auch keine Lüge vor. Die Aussage »Indem sie einen Meineid leistet, lügt sie« ist falsch. Man lügt nicht notwendig, wenn man einen Meineid leistet. Wenn die

Zeugin, den Eid leistend, schwört, »dass sie nach bestem Wissen die reine Wahrheit gesagt und nichts verschwiegen hat«, sagt sie etwas Falsches. Aber man lügt nicht, wenn man etwas Falsches sagt, sondern wenn man auf lügnerische Weise etwas Wahres oder Falsches sagt, also jemanden etwas glauben zu machen versucht, was man selbst für falsch hält. Versuchte die Zeugin, mit der Eidesformel das Gericht glauben zu machen, dass sie nach bestem Wissen die reine Wahrheit gesagt und nichts verschwiegen hat, löge sie. Dann aber läge auch eine einstellungsbezogene Täuschungsabsicht vor. Sie würde dann versuchen, das Gericht glauben zu machen, dass sie aufrichtig ist, obwohl sie es nicht ist. Das aber ist im Beispiel *ex hypothesi* gerade nicht so. Die Zeugin versucht mit der Eidesformel gerade *nicht*, das Gericht glauben zu machen, dass sie nach bestem Wissen die reine Wahrheit gesagt und nichts verschwiegen hat. Also sagt sie zwar, wenn sie die Eidesformel spricht, etwas Falsches, aber sie lügt nicht. Sie schwört einen Meineid, aber man lügt nicht, wenn man einen Meineid schwört, sondern wenn man ihn lügenhaft schwört, was normalerweise bei falschen Meineiden der Fall sein wird, aber in dem Beispielszenario nicht der Fall ist. Es liegt keine einstellungsbezogene Täuschungsabsicht und darum auch keine Lüge vor. Insgesamt kann man also an der Annahme festhalten, dass eine Lüge neben Verdecktheit auch eine Täuschungsabsicht beinhaltet. Sie beinhaltet *mindestens* eine einstellungsbezogene Täuschungsabsicht, und sie beinhaltet nicht notwendig, aber natürlich de facto sehr häufig eine thematische Täuschungsabsicht.

Dabei liegt eine Täuschungsabsicht nur dann vor, wenn jemand versucht, einen anderen etwas glauben zu machen, was er selbst für irrig hält, d. h. *wovon er glaubt, dass es falsch ist*. Sie liegt nicht schon dann vor, wenn jemand versucht, einen anderen etwas glauben zu machen, was er selbst für *möglicherweise* irrig hält, d. h. wovon er glaubt, dass es *möglicherweise* falsch ist, das er aber nicht selbst für falsch hält. Ist Letzteres der Fall, versucht jemand, einen anderen etwas glauben zu machen, was er zwar nicht für wahr hält, von dem er aber auch nicht glaubt, dass es falsch ist. In diesem Fall ist die Einstellung des Sprechers zur Wahrheit des von ihm Gesagten die der Unentschiedenheit und Indifferenz: Er hält es für möglicherweise wahr und für möglicherweise falsch. Es ist ihm (zumindest: häufig, wenngleich nicht notwendig) egal, ob es wahr oder falsch ist. Er sagt es aus Gründen, die mit der Wahrheit oder Falschheit des Gesagten nichts zu tun haben, so wie man eben häufig, z.B. im gesellschaftlichen Small-Talk, etwas sagt, damit irgendetwas gesagt wird, oder so wie jemand bei einem wissenschaftlichen Vortrag versuchen kann, jemanden etwas glauben zu machen, was er zwar nicht für falsch, aber auch nicht für wahr hält, etwa, um sich als jemand zu präsentieren, der sich in einer Sache auskennt und »über sie etwas sagen kann« oder »zu ihr Stellung beziehen kann«. Typisch hierfür ist der *Schwadroneur*.[30] Er versucht, jemanden etwas glauben zu machen, was er selbst für möglicherweise wahr und möglicherweise falsch hält. Es ist ihm egal, ob es wahr oder falsch ist; er nimmt in Kauf, dass es falsch ist, aber es würde ihn auch nicht stören, wenn es wahr ist. Der Schwadroneur hat nicht die Absicht, aufrichtig etwas mitzuteilen, aber auch keine Täuschungsabsicht. Er hat die Absicht, sich als jemanden darzustellen, der etwas zu sagen hat, ohne etwas von den Dingen zu verstehen, über die er spricht. Weil ihm egal ist, ob das, was er sagt, wahr oder falsch ist, ist ihm auch egal, ob die Adressaten seiner Rede etwas Wahres oder Falsches glauben. Er versucht nicht, sie etwas glauben zu machen, was er selbst für irrig hält. Schwadroneure schwadronieren. Sie lügen nicht.

3. Lüge und Gegnerschaft

Die bisherigen Ausführungen ermöglichen es nun, präziser zu sagen, wie genau eine Lüge eine Beziehung sozial definiert. Wenn eine Lüge eine Täuschungsabsicht beinhaltet und, wo keine Täuschungsabsicht vorliegt, auch keine Lüge vorliegt, dann zielt eine Lüge darauf ab, jemanden etwas glauben zu machen, was man selbst für irrig hält – wobei es sich im theoretisch möglichen Fall einer nur einstellungsbezogenen, nicht thematischen Täuschungsabsicht nicht darum handelt, dass der Lügner jemanden den vom Lügner *geäußerten* Satz glauben machen will, sondern darum, dass er jemanden einen Satz über sich, den Lügner, glauben machen will, dessen Wahrheit eine Aufrichtigkeitsbedingung für die Äußerung ist, nämlich dass er das Gesagte für wahr halte. *Jemand glaubt, dass p, und indem er lügt, versucht er, den anderen glauben zu machen, dass non-p.* Schon diese sehr allgemeine Beschreibung macht deutlich, was eine Lüge im Kern ist und wie sie eine Beziehung definiert. Sie macht deutlich: Eine Lüge zielt auf eine *Vergrößerung der epistemischen Distanz* zwischen Lügner und Belogenem ab. Wer jemanden belügt, könnte ihn auch »ins Boot holen«, ihn auf den gleichen epistemischen Stand bringen wie sich selbst. Er könnte darauf hinarbeiten, dass der andere das, was er glaubt, ebenfalls glaubt, so wie man es tut, wenn man versucht, jemanden von etwas, was man glaubt, zu überzeugen und dadurch einen Konsens herzustellen. (Ob der Glaube wahr oder falsch ist, ist dabei nicht relevant.) Das tut er nicht.

Diese Kennzeichnung der Lüge als Versuch, eine epistemische Distanz zu vergrößern, lässt sich präzisieren. Der Glaube, auf den die Lüge abzielt, ist einer, der mit *Handlungen* in Verbindung steht. Die Lüge zielt auf einen epistemischen Zustand des Gegenübers im Allgemeinen nicht als Selbstzweck ab. Wer lügt, hat ein bestimmtes Interesse, und dieses Interesse besteht im Allgemeinen nicht nur darin, dass der andere einen bestimmten Glaubenszustand hat – für sich genommen ist dieser Glaubenszustand dem Lügner im Allgemeinen gleichgültig –, sondern darin, dass der andere auf der Basis dieses Glaubenszustandes etwas tut oder unterlässt, sich so oder so verhält. Wenn ich jemanden mit der Behauptung belüge, dass ich den Nobelpreis gewonnen habe, dann nicht nur, um ihn glauben zu lassen, ich hätte den Nobelpreis gewonnen, sondern auch, um zu bewirken, dass er mich wie jemanden behandelt, der den Nobelpreis gewonnen hat, mit entsprechendem Respekt und Hochachtung. Diese angezielten Wirkungen sind kein *begriffliches* Merkmal der Lüge mehr. Es ist begrifflich durchaus möglich, jemanden zu belügen, ohne damit Handlungen des Belogenen auf der Grundlage seines falschen Glaubens zu intendieren. Gleichwohl gehören diese Handlungen zu den angestrebten perlokutionären Effekten dessen, was jemand tut, der lügt.[31] Dies bedeutet nicht, dass Lügen Aufforderungen seien, denn diese angestrebten perlokutionären Effekte sind zwar mögliche kausale Folgen der Äußerung, aber nicht durch sprachliche Konventionen mit der Äußerung verknüpft. Sie sind nicht ihrer illokutionären Rolle zuzuschreiben. So wie es einen – in der Metaethik als »perlokutionären Fehlschluss« bekannten – Fehlschluss darstellen würde, moralische Äußerungen wie

»Stehlen ist moralisch schlecht« als persuasiv zu bestimmen, weil ein Sprecher mit ihnen eine Einstellungsänderung des Adressaten als perlokutionären Effekt anstrebt, wäre es verfehlt, Lügen als direktive Redehandlungen zu bestimmen, weil ein Lügner de facto (auch) bestimmte Handlungen des Belogenen als perlokutionäre Effekte anstrebt. Aber als eine nicht begriffsexplikative, sondern rein empirische These ist es sehr plausibel zu sagen: Jemand, der lügt, zielt darauf ab, dass der Belogene in einem bestimmten Glaubenszustand ist *und sich entsprechend verhält*. Indem man jemanden, wenn man p glaubt, belügt, zielt man darauf ab, dass er non-p glaubt und auf der Grundlage dieser Annahme handelt.

Eine weitere Präzisierung ist möglich. Wer jemanden (erfolgreich) belügt, der verändert auch dessen *konativen Zustand*. Er formt seine Wünsche. Er nimmt Einfluss auf das, was der andere will und anstrebt. Wenn jemand in Folge meiner Lüge glaubt, dass ich den Nobelpreis gewonnen habe, wird er mich mit entsprechendem Respekt behandeln, aber nur, weil er mich mit entsprechendem Respekt behandeln *wollen* wird. In Bezug auf dieses Wollen ist nun aber festzustellen: Das, was der Belogene will, ist nicht das, was er »eigentlich will«. Das, was er anstrebt, ist nicht das, was er »wirklich anstrebt«. Die Ausdrücke »eigentlich wollen« und »wirklich anstreben« lassen sich in diesem Zusammenhang kontrafaktisch erläutern: Das Gewollte oder Angestrebte ist nicht das, was der Belogene wollen oder anstreben würde, wenn er wüsste, wie die Dinge sich wirklich verhalten. Eine Lüge bewirkt, dass jemand etwas anderes anstrebt als das, was er wirklich will.

Dies lässt sich an trivialen Beispielen demonstrieren. A belügt, aus welchen Gründen auch immer, den ortsunkundigen B, der ihn nach dem Weg in die Altstadt fragt, indem er ihn zur Universität, die am anderen Ende der Stadt liegt, schickt. Also marschiert B in Folge der Lüge in Richtung Universität. Aber zweifellos gilt: Er will nicht zur Universität. Er will in die Altstadt. Er würde in die andere Richtung gehen wollen, wenn er wüsste, wie die Dinge sich verhalten. Wir würden sagen: »Er will *eigentlich* in die Altstadt« und mit »eigentlich« ein Wollen, das er »wirklich« hat, abgrenzen gegenüber einem Wollen, das er nur zu haben scheint, nämlich dem Wollen, zur Universität zu gehen. Stünde er nicht unter dem Einfluss der Lüge, würde er andere Dinge anstreben als die, die er tatsächlich anstrebt. Das heißt: Indem A den ortsunkundigen B belügt, hindert er ihn daran, seine Ziele zu erreichen. Genauer gesagt: Er *versucht*, ihn daran zu hindern, denn natürlich kann dieser Versuch fehlschlagen, sei es, weil die mit der Lüge verbundene Täuschungsabsicht nicht realisiert wird (B traut As Auskunft nicht und fragt noch andere Passanten nach dem Weg), sei es aus anderen kontingenten Gründen (B glaubt A und nimmt sich vor, in der von A gewiesenen Richtung zu gehen, verirrt sich aber auf dem Weg dorthin und kommt versehentlich in die Altstadt, wo er tatsächlich hinwill, oder er wird auf dem Weg zur Universität entführt und in die Altstadt verschleppt.). Dass Versuche fehlschlagen können, ändert aber nichts daran, dass jemand mit einer Lüge versucht, jemanden daran zu hindern, das zu erreichen, was er »eigentlich will«, d. h. was er wollen würde, wenn er wüsste, wie die Dinge sich verhalten, und das er täte, wenn er nicht unter dem Einfluss der Lüge agieren würde.

Diese Beschreibung führt zum Kern dessen, was die Lüge ist, und zu einer Hauptthese dieses Essays: *Eine Lüge definiert eine Beziehung als Gegnerschaft*. Indem ich lüge, setze ich mich zum anderen in der Weise in Beziehung, dass ich versuche, dem Belogenen die Erreichung dessen, was er will – im Sinne von: »die Erreichung dessen, was er *eigentlich* will« – unmöglich zu machen. Jemanden erfolgreich zu belügen heißt, ihn dazu zu bringen, etwas zu tun, was er nicht tun will. Jemanden zu belügen, aber nicht erfolgreich zu belügen heißt zu versuchen, ihn dazu zu bringen, etwas zu tun, was er nicht tun will. In beiden Fällen heißt es, *gegen* jemanden zu agieren.

Diese Beschreibung akzentuiert das aktive Moment der Lüge. Lügen ist ein aktiver Eingriff in das Leben des anderen. Es ist ein *Angriff* auf seine Autonomie, weil es ihm, falls erfolgreich, unmöglich macht, das zu tun, was er will. Vielleicht weil der Ausdruck »Verdecktheit« – der sich aber nur auf den Grad der Offenheit des Sprechaktes des Lügens bezieht – dazu verleitet, neigen wir dazu, an den Lügner als an jemanden zu denken, der sich kleinmacht und verdruckst aus dem Hintergrund agiert, wie es etwa der linkische Schmeichler und Lügner Uriah Heep in Dickens' *David Copperfield* tut.[32] Die Verdecktheit des Lügens sollte aber nicht den Blick darauf verstellen, dass Lügen der Sache nach nichts Defensives, sondern ein aktives Verhindern von Handlungsplänen ist. So wie wir jemanden aktiv an der Ausübung seines Freiheitsrechtes hindern können, indem wir ihn zu einem Gefängnisaufenthalt verurteilen, können wir ihn aktiv an der Ausübung seiner Pläne und Absichten hindern, indem wir ihn (erfolgreich) belügen. Darum können Lügen so tief gehen – sie können »den Kern der Person« betreffen und einen Angriff auf ihre Handlungsfähigkeit darstellen.

Dies lässt sich auch an einigen der in der Literatur diskutierten Standardbeispiele für Lügen erläutern, etwa an dem von Kant angeführten Beispiel, dass jemand sich Geld leihen zu wollen vorgibt, ohne aber die Absicht zu haben, es zurückzuzahlen.[33] Wenn A den B bittet, ihm Geld zu leihen, aber nur lügend etwas behauptet wie »Ich gebe dir das Geld in einer Woche zurück« und mit dieser Lüge erfolgreich ist, dann liegen die Dinge so: B glaubt fälschlich, dass er dem A Geld leiht, d. h. dass er es ihm gibt und später zurückerhält. Er tut aber in Wahrheit etwas anderes, nämlich dem A Geld geben. Was B will ist, A Geld zu *leihen*, also es ihm zu geben und zurückzuerhalten, was B tut ist, A Geld zu *geben*, ohne es zurückzuerhalten. Was er tut, ist etwas anderes als das, was er tun will. Er glaubt, etwas zu wählen, was er nicht wählt. Und er tut dies aufgrund der Lüge des A, die bewirkt, dass er das, was er tut, unter die falsche Beschreibung »dem A Geld leihen« stellt. A kreiert durch die Lüge Interessen Bs, aber es sind Interessen, die B »nicht wirklich« hat, d. h. es sind nicht seine, Bs, Interessen, sondern nur Interessen, die er zu haben glaubt. A bewirkt *in B* das Interesse, dass B dem A Geld gibt, ohne es zurückzuerhalten, aber das ist nicht *Bs* Interesse, sondern As. A agiert gegen B. Indem er lügt, definiert er die Beziehung zu B als Gegnerschaft. Lügen heißt, sich zum anderen in ein antagonistisches Verhältnis zu setzen.

Allerdings ist anzumerken, dass der Ausdruck »Gegnerschaft« hier und im Folgenden in einem gegenüber der alltagssprachlichen Verwendung etwas spezifischeren und insofern technischen Sinne verwendet wird. Insbesondere ist »Gegnerschaft« in der hier zugrunde gelegten Bedeutung deutlich von »Feindschaft« abzugrenzen. Fasst man »Gegnerschaft« so auf, dass A die Beziehung zu B als Gegnerschaft definiert, wenn A den B an der Erreichung dessen, was B will, hindert, ist Gegnerschaft mit Feindschaft zwar nicht unvereinbar, aber auch nicht notwendig damit verbunden. »Gegnerschaft« bedeutet nicht notwendig – d. h. nicht qua Bedeutung von »Gegnerschaft« –, dass man jemandem, zu dem man sich in eine Beziehung der Gegnerschaft setzt, Schaden zufügen möchte oder seine langfristigen und aufgeklärten Interessen zu durchkreuzen beabsichtigt. Insbesondere schließt, dass A die Beziehung zu B als Gegnerschaft definiert, nicht aus, dass A dies mit Blick auf Bs Wohl tut. Eine paternalisierende Handlung, mit der wir jemandes Freiheit zu seinem Wohl einschränken, würde man üblicherweise nicht als »Gegnerschaft« beschreiben. Die hier zugrunde gelegte Bedeutung von »Gegnerschaft« aber lässt eine solche Beschreibung zu. So würde man eine suizidpräventive Handlung, mit der man jemanden, der unter dem Einfluss einer verzerrten Zukunftswahrnehmung Suizid begehen möchte, von der Durchführung seines Vorhabens abhält, normalerweise nicht als »Gegnerschaft« beschreiben, weil man damit zwar punktuell das, was die Person will, verunmöglicht – man hält sie von der Suizidhandlung ab –, aber dies zum langfristigen und aufgeklärten Wohl der Person selbst tut. Berücksichtigt man aber die Differenz zwischen Gegnerschaft und Feindschaft, kann man Handlungen dieser Art so beschreiben, dass man sich mit ihnen kurzzeitig und aus wohlwollenden Motiven zu jemandem in ein Verhältnis der (nicht feindschaftlichen) Gegnerschaft setzt.

Die Beschreibung »A setzt sich zu B in ein Verhältnis der Gegnerschaft« ist also auch neutral gegenüber As *Motiven*. Der Ausdruck »Gegnerschaft« bezieht sich nicht auf ein Handlungsmotiv. Zu sagen, dass wir uns, indem wir lügen, zu jemandem in eine Beziehung der Gegnerschaft setzen, heißt nicht zu sagen, dass wir »aus Gegnerschaft« lügen, und grundsätzlich kommt die Formulierung »jemanden aus Gegnerschaft belügen« in den Verdacht, ein Kategorienfehler zu sein, da der Ausdruck »Gegnerschaft« eine Relation, aber nicht wie z. B. »Eifersucht« oder »Hilfsbereitschaft« ein Motiv bezeichnet. Die Motive des Lügens können ganz unterschiedlicher Art sein. Häufig lügen wir z. B. aus narzisstischen Motiven, um uns wichtiger zu machen, als wir sind, oder um um die Gunst einer anderen Person zu werben, der wir uns in möglichst positivem Licht präsentieren wollen. Damit wollen wir dieser anderen Person im Allgemeinen nicht schaden. Aber insofern angenommen werden kann, dass die andere Person die Wahrheit wirklich wissen will, definieren wir auch in solchen Situationen die Beziehung zu ihr kurzzeitig als Gegnerschaft, um unsere Interessen durchzusetzen: Wir hindern sie daran, eine wahrheitsgemäße Information über uns und unsere Leistungen zu erhalten, um unser Interesse zu realisieren, in einem möglichst positiven Licht zu erscheinen.

Die These, dass Lügen eine Beziehung im nunmehr präzisierten Sinne von »Gegnerschaft« als Gegnerschaft definieren, kann die recht offensichtliche, aber nur auf der Grundlage dieser These verständlich werdende Tatsache erklären, dass wir – zwar durchaus nicht begriffsnotwendig, aber doch im Allgemeinen – *zur Durchsetzung eigener Interessen* lügen – wobei, wovon in Kapitel IV 3 noch genauer die Rede sein wird, diese eigenen Interessen nicht notwendig egoistische sein müssen, sondern durchaus altruistischer Natur sein können. Wo keine Notwendigkeit besteht, eigene Interessen gegen die widerstreitenden Interessen anderer durchzusetzen, *können* wir zwar durchaus lügen, werden es aber im Allgemeinen nicht tun.[34] Fragt mich ein Ortsunkundiger nach dem Weg, ist unter normalen Umständen nicht ersichtlich, welches Interesse ich daran haben sollte, ihn auf den falschen Weg zu schicken, weswegen eine Lüge hier normalerweise nicht in Betracht kommt. Wollen A und B *beide* ins Kino gehen, und dies auch in den gleichen Film zur gleichen Zeit und am gleichen Ort, besteht eine Interessenkonvergenz und keiner von beiden hat Anlass, das Verhalten des anderen steuern zu wollen; also hat auch keiner von beiden Anlass, den anderen zu belügen. Möchte hingegen A an einem Abend ins Kino gehen, während B ins Theater gehen möchte, dann besteht zwischen A und B eine Interessendivergenz, und B könnte dann erwägen, seinen dringenden Theaterwunsch gegen As Kinowunsch mittels Lüge durchzusetzen, etwa, indem er A lügenhaft versichert, es handele sich um ein Gastspiel mit grandiosen Schauspielern, die wirklich nur an diesem Abend in der Stadt seien, während man den Kinofilm ja auch noch morgen ansehen könne. Wenn es um die Durchsetzung eigener Interessen geht, d. h. wenn die Interessen des anderen mit den eigenen nicht konvergieren und sich ihnen gegenüber auch nicht neutral verhalten, sondern ihnen entgegenlaufen, dann besteht auch ein Grund – nicht im Sinne eines Rechtfertigungsgrunds, aber im Sinne eines Erklärungsgrunds – zu lügen. Die These, dass Lügen eine Beziehung als Gegnerschaft definieren, kann dies erklären, und das spricht für sie.

Auch eine kulturgeschichtliche Überlegung spricht für diese These. Fasst man Lügen als eine *technē* auf, als eine »Kunst«, die in der Beherrschung einer sprachlichen Fähigkeit besteht, die zu verschiedenen Zwecken eingesetzt werden kann[35], so ist festzustellen: Die Beherrschung dieser »Kunst« kommt uns nicht qua Menschsein zu, sondern wir entwickeln sie erst in sozialen Kontexten der Gegnerschaft und des Konkurrierens um Ressourcen, in denen wir eigene Interessen gegen widerstreitende Interessen anderer durchsetzen müssen. Der bedeutendste Analytiker des Prozesses, in dessen Rahmen sich diese »Kunst des Lügens« ausbildet, der Soziologe Norbert Elias, führt in seinem Standardwerk *Über den Prozeß der Zivilisation* aus, dass sich die Fähigkeit zur Verstellung, zum verdeckten Agieren und zum geschickten Lügen in eben solchen Konkurrenzsituationen ausbildet. Der »Prozess der Verhöfischung« ist nach Elias ein Vorgang, der damit ansetzt, dass sich der Adel – in Folge des »Königsmechanismus«, der dem König eine Schiedsrichterfunktion zwischen Adel und Bürgertum zuspricht – an den Königshöfen konzentriert. Dort müssen nun Adlige, um sich ihre Macht zu sichern, mit anderen Adligen um Einflussmöglichkeiten und Prestige konkurrieren. Um in diesem Konkurrenzkampf erfolgreich zu sein, dürfen sie sich nicht in ihren Wünschen und Absichten zu erkennen geben, sondern müssen diese verdecken. Sie können ihre eigenen Ansprüche und Interessen nicht mehr mit roher Gewalt, sondern nur noch mit verfeinerten Techniken, zu denen eben auch Lüge und Täuschung gehören, durchsetzen:

> Das Leben in diesem Kreis ist kein friedliches Leben. Sehr viele Menschen hängen hier beständig voneinander ab. Der Druck der Konkurrenz um Prestige und die Gunst des Königs ist stark. Die »Affairen«, die Rang- und Gunststreitigkeiten brechen nicht ab. Spielt der Degen als Mittel der Entscheidung keine so große Rolle mehr, so treten Intrigen, Kämpfe, bei denen um Karriere und sozialen Erfolg mit Worten gestritten wird, an ihre Stelle. Sie verlangen und züchten andere Eigenschaften als die Kämpfe, die mit der Waffe ausgefochten werden können: Überlegung, Berechnung auf längere Sicht, Selbstbeherrschung, genaueste Regelung der eigenen Affekte, Kenntnis der Menschen und des gesamten Terrains werden zu unerläßlichen Voraussetzungen jedes sozialen Erfolges.[36]

Die »Kunst des Lügens« erweist sich im Rahmen dieses Prozesses als ein Mittel des sozialen Aufstiegs und der Sicherung von Eigeninteressen gegen die Interessen anderer. Es ist kein Zufall, dass man beim Stichwort »notorischer Lügner« vermutlich eher an tatkräftige Erfolgsmenschen denkt, die auf der sozialen Leiter hoch gestiegen sind – man mag sogar an einen ehemaligen amerikanischen Präsidenten denken, dem das Lügen so natürlich war wie das Atmen –, als an sozial Depravierte und Abgehängte. Meisterschaft in der Kunst des Lügens werden wir vermutlich vor allem denjenigen attestieren, die sich gegen andere erfolgreich durchsetzen konnten, deren Interessen geschickt zu manipulieren und für eigene Zwecke zu nutzen verstanden. Lügen haben lange Beine. Man kommt mit ihnen gut und schnell voran.[37] Wer ein hohes politisches Amt anstrebt oder Universitätsprofessor werden will und dabei mit vielen anderen konkurriert, so dass seine (anderen) Fähigkeiten allein ihm nicht den Weg nach oben bahnen werden, der tut gut daran, sich in der Beherrschung dieser Kunst zu üben.

Diese kulturhistorische Beobachtung ist natürlich kein zwingendes Argument für die These, dass Lügen eine Beziehung als Gegnerschaft im oben erläuterten Sinne definieren. Sie ist aber geeignet, diese These zu plausibilisieren. Wenn Lügen eine Technik ist, deren Beherrschung Menschen kulturgeschichtlich in Konstellationen gelernt haben, in denen sie mit Gegnern um die Durchsetzung eigener Interessen konkurrieren, sollte es uns nicht überraschen, sondern als sehr plausibel erscheinen, dass wir – auch unabhängig von der Frage nach der Genese der Kunst des Lügens – sagen können: Lügen definieren eine Beziehung als Gegnerschaft.

III

EINIGE EINWÄNDE: LÜGEN OHNE GEGNERSCHAFT?

Gegen die These, dass eine Lüge eine Beziehung als Gegnerschaft definiert, liegen einige Einwände auf der Hand, die im Verweis auf Lügen ohne Gegnerschaft, also auf Gegenbeispiele zu dieser These, beruhen.

1. Wohlwollende Lügen

Zunächst wird man auf wohlwollende Lügen als Beispiele für Lügen ohne Gegnerschaft verweisen. Es gibt, so wird man sagen, Lügen, mit denen wir zum Wohl des Belogenen handeln und uns gerade nicht in ein antagonistisches Verhältnis zu ihm setzen. Eine Ärztin belügt eine Patientin über deren Krebsdiagnose und sagt ihr, dass sich keine Metastasen gebildet hätten, um ihr eine vom Wissen um das fortgeschrittene Stadium der Krankheit unbelastete restliche Lebenszeit zu ermöglichen. Eltern belügen ihr durch eine Samenspende entstandenes Kind über die Weise seiner Zeugung, indem sie ihm sagen, sein sozialer Vater sei auch sein genetischer Vater, um ihm den Schock der Erkenntnis zu ersparen, dass es seinen genetischen Vater nicht kennt. Ich lüge eine Bekannte von mir an, dass ihr achtjähriger Sohn seine Geburtstagsfeier, die wir gestern unter Strapazen und vermeintlich erfolgreich über die Bühne gebracht haben, sehr genossen habe, obwohl er mir gerade in Abwesenheit seiner Mutter gestanden hat, wie langweilig er die Feier fand, um ihr das Enttäuschungserlebnis, dass die vermeintlich erfolgreiche Party ein Reinfall war, zu ersparen. Wir lügen Kinder an, indem wir z. B. die Gefahren eines Krieges oder einer Krankheit bewusst verharmlosen, um ihnen Ängste und Sorgen zu ersparen.

Beispiele dieser Art widersprechen allerdings nicht der These, dass auch in solchen Fällen im oben präzisierten Sinn von »Gegnerschaft«, der von demjenigen von »Feindschaft« klar abzugrenzen ist, eine Gegnerschaft vorliegt. »A definiert die Beziehung zu B als Gegnerschaft« heißt, dass A sich zu B in ein antagonistisches Verhältnis in dem Sinne setzt, dass, wenn B X will, A die Erreichung von X zu unterminieren versucht. Aber bei den durch diese Formulierung gekennzeichneten Gegnerschaften kann es sich um Gegnerschaften ganz verschiedener Arten handeln. Eine Gegnerschaft kann kurzzeitig, lokal begrenzt, an bestimmte, vielleicht völlig harmlose Zwecksetzungen gebunden und auf eng begrenzte situative Kontexte beschränkt sein. Sie muss keinesfalls die Beziehung als ganze definieren. Lüge ich meiner Frau vor, dass nicht ich den Blechschaden am Auto verursacht habe, sondern der andere Unfallbeteiligte, oder dass ich gestern wirklich einen handfesten und nachvollziehbaren Anlass hatte, zu viel zu trinken, oder belüge ich jemanden zur Vermeidung einer ansonsten unvermeidbaren sozialen Peinlichkeit, ist diese Lüge auf einen engen situativen Kontext begrenzt und auf eine recht harmlose Zwecksetzung bezogen. Alltagssprachlich sprechen wir gerne von »schwindeln«, um deutlich zu machen, dass es sich um eine auf diese Weise begrenzte, »undramatische« Lüge handelt.

Gleichwohl kann auch in solchen Fällen davon gesprochen werden, dass eine Lüge, wenngleich nur kurzzeitig und eng umgrenzt, eine Beziehung als Gegnerschaft definiert. So auch bei wohlwollenden Lügen: Der Arzt, der den Patienten über eine belastende Krebsdiagnose belügt, setzt sich zu ihm in dem Moment, in dem er ihn anlügt, in ein, wenngleich kurzzeitiges und situativ begrenztes, Verhältnis der Gegnerschaft. Sagt er: »Ich sehe keine Metastasen auf dem Röntgenbild«, setzt er sich in ein antagonistisches Verhältnis zu dem (vermuteten) Willen des Patienten, die Wahrheit über seinen Zustand zu erfahren. Wenn ich meine Bekannte über den Zufriedenheitsgrad ihres Sohnes mit der gestrigen Geburtstagsparty anlüge, agiere ich in diesem Moment gegen sie, verhindere die Realisierung ihres Willens, von mir die Wahrheit in Entgegnung auf die Frage »Hat es ihm gestern gefallen?« zu erfahren. Aber diese punktuelle und begrenzte Gegnerschaft »färbt« nicht unsere Beziehung als ganze ein. Dabei scheint es eine sekundäre terminologische Frage zu sein, ob man in solchen Fällen, wie von mir vorgeschlagen, davon spricht, dass eine Beziehung »punktuell«, aber nicht »als ganze« als Gegnerschaft definiert wird, oder ob man es vorzieht, den Ausdruck »Beziehung« für die Bezeichnung von etwas Längerfristigem, Tragendem in Abgrenzung zu einzelnen Interaktionen zu reservieren. Im letztgenannten Fall wird man vermutlich davon sprechen wollen, dass in solchen Fällen »die Beziehung überhaupt nicht tangiert wird« und vielleicht, zwischen »Verhältnis« und »Beziehung« unterscheidend, sagen wollen, dass wir uns manchmal in ein Verhältnis der Gegnerschaft zu jemandem setzen, ohne die Beziehung selbst als Gegnerschaft zu definieren. Der Sache nach läuft beides auf das Gleiche hinaus: dass wir in solchen Fällen jemanden nur kurzzeitig und auf einen bestimmten Kontext begrenzt, nicht aber langfristig und nachhaltig an der Erreichung dessen, was er will, zu hindern versuchen.

Mit der These, dass Lügen wohlwollend sein können, ist noch nicht gesagt, unter welchen Bedingungen eine Lüge wohlwollend ist und wann diese Bedingungen erfüllt sind. Zur Beantwortung dieser Fragen bietet sich der Rekurs auf die Zustimmung des Belogenen an, und zwar entweder auf eine frühere oder auf eine hypothetische oder auf eine spätere Zustimmung. Alle drei Formen der Zustimmung können eine Lüge zu einer wohlwollenden machen. Verständigen sich in einer Paarbeziehung die Partner von vornherein darauf, dass sie von den Seitensprüngen des Partners nichts wissen und im Fall der Fälle belogen werden wollen (»Für den Fall, dass du fremdgehst, stimme ich zu, dass du mich darüber belügst«), ist eine Lüge durch eine vorhergehende Zustimmung gedeckt. Sie ist dann »wohlwollend« in dem Sinne, dass sie auf das abzielt, was die Person »eigentlich« will, und »eigentlich wollen« lässt sich hier so erläutern, dass die Person langfristig durch eine Art »Vorausverfügung« festlegt, was sie »eigentlich will«, auch wenn dies ihrem Wollen in einer bestimmten Situation entgegenläuft. Eine Lüge kann auch durch eine hypothetische Zustimmung zu einer wohlwollenden werden. Ich habe mich mit meiner Bekannten nie darüber verständigt, ob ich sie über den fehlenden Enthusiasmus ihres Sohnes nach Geburtstagsparties wahrheitsgemäß informieren soll, nehme aber an, dass sie einer Lüge zustimmen *würde*, wenn sie zu entscheiden hätte, ob sie in Situationen dieser Art belogen werden möchte. Es kann sein, dass es *in ihrem Interesse* ist, belogen zu werden, wenngleich sie in der aktualen Situation kein *Interesse daran hat*, belogen zu werden.[38] Auch eine antizipierte spätere Zustimmung kann eine Lüge zu einer wohlwollenden machen. Wenn ich einen depressiv verstimmten Freund in einer für ihn extrem belastenden, aber voraussichtlich kurzzeitigen Krisensituation über seine Zukunftsaussichten belüge und z. B. wider besseres Wissen die Erfolgsaussichten für seine nächste Bewerbung in unangemessen rosigem Licht erscheinen lasse, weil ich annehme, dass er es mir später – wenn ich ihn darüber aufklären werde, dass ich ihn belogen habe – danken wird, ihn in der Krisensituation aufgemuntert zu haben, handelt es sich ebenfalls um eine wohlwollende Lüge, in diesem Fall um eine, die durch eine antizipierte spätere Zustimmung gedeckt ist. Auch Kinder belügen wir mit Blick auf ihre späteren und langfristigen Interessen – wir wissen, dass wir sie kurzfristig überlisten und paternalisierend belügen müssen, um langfristig in ihrem Interesse zu handeln.

Dass es sich in diesen Fällen um wohlwollende Lügen handelt, ändert aber nichts daran, dass wir uns mit ihnen zum Belogenen in ein – wenngleich kurzzeitiges und mit Blick auf die Förderung der »eigentlichen« Interessen der Person eingenommenes – Verhältnis der Gegnerschaft setzen. Manchmal sagen wir mit Hamlet: »I must be cruel only to be kind«[39] und agieren *gegen* jemanden, um *in* seinem Interesse zu agieren. »Wohlwollend« qualifiziert die Lüge durch die Angabe eines Motivs, und es ist nicht widersprüchlich zu sagen, dass das Motiv für die (kurzzeitige) Definition einer Beziehung als Gegnerschaft in der Förderung des Wohls dieser Person besteht. Wohlwollende Lügen sind Umleitungen, die man nimmt, um zu dem angestrebten Ziel der Förderung des Wohls anderer zu kommen und die Auswirkungen der zahlreichen Schlaglöcher des Lebens abzudämpfen.

Dass es wohlwollende Lügen gibt, heißt allerdings nicht, dass es sie häufig gibt. Häufig benutzen wir die Etikettierung »wohlwollende Lüge«, um von der Tatsache abzulenken, dass unser Motiv durchaus *nicht* war, in jemandes Interesse zu handeln, sondern dass ein weniger ehrenwertes Motiv, insbesondere Bequemlichkeit, der Lüge zugrunde lag. Vielleicht belügt der Arzt den Patienten über seinen Gesundheitszustand, weil er vor ihm und weiteren Nachfragen seine Ruhe haben will. Vielleicht belüge ich meine Bekannte über den Zufriedenheitsgrad ihres Sohnes mit dessen gestriger Geburtstagsparty, um nicht selbst auch noch ihr Enttäuschungserlebnis abfangen zu müssen. Vielleicht belüge ich meinen Freund über seine positiven Zukunftsaussichten, um mich der freundschaftlichen Pflicht zu entziehen, weiterhin auf seine depressiven Stimmungen reagieren zu müssen. So genannte »wohlwollende Lügen« werden sich sehr häufig als egoistische Lügen entpuppen, als Lügen aus Bequemlichkeit und situativem Opportunismus. Wirklich wohlwollende Lügen sind vermutlich extrem selten. Aber *wenn* eine wohlwollende Lüge vorliegt, und nur das wurde hier behauptet, ändert die Tatsache, dass es eine *wohlwollende* Lüge ist, nichts daran, dass es eine *Lüge* ist, die als solche darin besteht, eine Beziehung (kurzzeitig) als Gegnerschaft zu definieren.

2. Höflichkeitslügen

Paulas Freundin hat sich nach langem Zögern und Hin und Her endlich das Kleid gekauft, auf das sie schon seit Monaten einen sehnsuchtsvollen Blick geworfen hat und für dessen Erwerb sie lange gespart und auf vieles anderes verzichtet hat. Freudestrahlend kommt sie im neuen Kleid auf Paula zu und fragt: »Und, wie findest Du es?«. Die traurige Wahrheit ist, dass Paula das Kleid einfach grässlich findet, geschmacklos bis dorthinaus. Ist es nicht angezeigt, dass Paula ihre Freundin jetzt aus Höflichkeit und Rücksichtnahme belügt? Und – unabhängig davon, ob es angezeigt ist oder nicht – wäre dies nicht als Höflichkeitslüge eine Lüge ohne Gegnerschaft, eine, die vielmehr von einer Rücksichtnahme zeugen würde, die im Rahmen einer freundschaftlichen Beziehung, aber auch im Rahmen einer von Respekt bestimmten Beziehung mittlerer sozialer Distanz, durchaus zu den normalen Umgangsformen gehört?

Zu fragen ist hier, erstens, ob Höflichkeitslügen ihren Namen immer zu Recht tragen, ob es sich also bei ihnen tatsächlich immer um Lügen handelt, und, zweitens, ob, wenn dies der Fall ist, es sich dabei um Lügen ohne Gegnerschaft handelt. Wie man die erstgenannte Frage in Bezug auf das soeben genannte Beispiel beantwortet, hängt davon ab, wie man die Frage »Und, wie findest Du es?« interpretiert und ob man diese Frage als genuine Erkundigung nach der Meinung des Gefragten auffasst. Dies muss keineswegs notwendig der Fall sein. »Wie findest Du es?« kann – zumal wenn flankiert durch ein den Weg zur erwünschten Antwort bahnendes »Toll, oder?« – eine Einladung sein, die eigene Begeisterung zu teilen. Es stellt dann eine Aufforderung oder Bitte dar, ein positives Urteil zum Ausdruck zu bringen, das dem eigenen entspricht. Kommt Paula dann dieser Aufforderung nach und sagt, dass sie das Kleid schön findet, obwohl sie es nicht tut, lügt sie nicht, weil sie, und zwar zu Recht, die Frage, ob sie es schön findet, gar nicht als genuine Erkundigung nach ihrer Meinung interpretiert. Gespielt wird hier das beliebte Gesellschaftsspiel »Ich tue jetzt so, als würde ich dich aufrichtig etwas fragen, und du tust so, als würdest du aufrichtig antworten«. *Wenn* die Frage der Freundin auf diese Weise zu verstehen ist, dann zeugt es von fehlendem Verständnis für die soziale Bedeutung der Situation, wenn Paula aufrichtig sein zu sollen glaubt und ihre ästhetischen Bedenken gegen das Kleid äußert. Dies gilt selbst dann, wenn Paulas Freundin der Frage »Wie findest Du es?« ein »Sag's ganz ehrlich!« hinzufügt, denn auch die Aufforderung, ehrlich zu sein, kann Teil des sozialen Spiels sein, mit dem man sich gegenseitig zu affirmierenden Urteilen auffordert. »Sag ganz ehrlich, was du denkst!« ist nicht selten die verfeinerte Form des *fishing for compliments*. Paula würde dann, wenn sie sagt, was sie denkt, den gleichen Fehler begehen wie Alceste in Molières *Menschenfeind*, als er vom sehr mäßig begabten Hobbypoeten Oronte aufgefordert wird, dessen Gedichte »ganz aufrichtig« zu beurteilen.[40] Alceste macht etwas sozial Inadäquates: Er fasst die Aufforderung Orontes, aufrichtig zu sein, als Aufforderung, aufrichtig zu sein, auf. Sozial adäquat wäre es, sie als Aufforderung, so zu tun, als sei er aufrichtig, aufzufassen. Wer in Situationen dieser Art der Einladung, ein positives Urteil zu affirmieren, nachkommt und Aufrichtigkeit spielt, lügt nicht. Er anerkennt die Eigengesetzlichkeit des Sozialen. Zwar ist er auch nicht aufrichtig, aber es ist nicht widersprüchlich, von jemandem zu sagen, dass er weder aufrichtig ist noch lügt, also »aufrichtig sein« und »lügen« nicht als kontradiktorischen, sondern als konträren Gegensatz aufzufassen, der einen breiten Zwischenbereich zwischen Aufrichtigkeit und Lügen zulässt – jenen Zwischenbereich, in dem sich große Teile der Komödie des Sozialen abspielen, die wir täglich aufführen. Sogenannte »Höflichkeitslügen« dieser Art werden also zu Unrecht so bezeichnet: Es *sind* keine Lügen. Die Frage, ob es sich um Lügen ohne Gegnerschaft handelt, stellt sich daher nicht.

Aber natürlich *muss* es so nicht sein. Es kann auch sein, dass die Frage »Wie findest du das Kleid?« eine tatsächliche Erkundigung nach der Meinung des Adressaten darstellt. Manchmal wollen wir tatsächlich wissen, wonach wir fragen. Vielleicht liegt ja Paulas Freundin wirklich daran, ihre ehrliche Meinung über das Kleid zu erfahren. Wenn Paula die Frage auf diese Weise, also als genuine Erkundigung nach ihrer Meinung, auffasst und dann antwortet: »Sehr schön!«, obwohl sie denkt: »Schrecklich!«, lügt sie. Es liegt dann eine Höflichkeitslüge vor, die diesen Namen auch verdient. Paula versucht dann, ihr Gegenüber mittels eines verdeckten Sprechaktes glauben zu machen, dass sie das Kleid schön fände, obwohl sie weiß, dass das nicht der Fall ist. In diesem Fall spricht aber auch nichts dagegen, weiterhin zu sagen, dass die Lüge eine Beziehung als Gegnerschaft definiert, also die zweite der beiden oben genannten Fragen mit »Nein« zu beantworten: *Wenn* Höflichkeitslügen nicht nur so genannte, sondern tatsächliche Lügen sind, stellen sie kein Gegenbeispiel zu der These dar, dass Lügen eine Beziehung als Gegnerschaft definieren. Auch sie definieren dann eine Beziehung (wenngleich kurzzeitig) als Gegnerschaft, worin sie wohlwollenden Lügen ähnlich sind. Wenn Paula »Schön!« sagt und »Scheußlich!« denkt, hindert sie, wenn ihre Freundin tatsächlich wissen will, was sie denkt, ihre Freundin an der Erreichung ihres Ziels, Paulas aufrichtige Meinung über das Kleid zu erfahren. Sie setzt sich zu ihr genauso in ein kurzzeitiges, die Beziehung nicht als ganze definierendes Verhältnis der Gegnerschaft, wie wir es durch wohlwollende Lügen tun, die (auch außerhalb freundschaftlicher Beziehungen) auf sozialen Konventionen der Rücksichtnahme aufeinander beruhen.[41]

Mit dem Ausdruck »Höflichkeitslügen« kann beides gemeint sein: scheinbare Lügen, die sich im Rahmen eines sozialen Rituals abspielen, und echte Höflichkeitslügen. Soziale Irritationen können daraus resultieren, dass wir häufig nicht genau sagen können, welchem dieser beiden Typen von Äußerungen eine *nicht* unserer tatsächlichen Ansicht entsprechende Äußerung zuzuordnen wäre. Wir wissen häufig nicht, ob wir, wenn wir etwas sagen, was wir für falsch halten, lügen oder nicht – und zwar, weil wir nicht wissen, was das Gegenüber will. Wir wissen häufig nicht, ob das Gegenüber ein soziales Spiel, zu dem inszenierte Aufrichtigkeit gehört, spielen will oder ob es tatsächlich an unserer Ansicht interessiert ist. Was genau will der Kollege, der mir einen wissenschaftlichen Text »zum Gegenlesen« geschickt hat, von mir? Will er wirklich meine ehrliche Meinung über den Text erfahren, so dass ich freimütig sagen kann, wenn ich seinen Text für Geschwafel halte? Oder will er nicht eher Lob und Anerkennung, eine Bestätigung und Vertiefung unserer kollegialen, vielleicht sogar freundschaftlichen Beziehungen, und ist nicht auch das ein erstrebenswertes Ziel, so dass ich bei meiner Rückmeldung keine Scheu vor überzogenen Komplimenten und Lobpreisungen zu haben brauche? Bei der Zuordnung zu einem dieser beiden Äußerungstypen können wir genauso falsch liegen wie Alceste im *Menschenfeind*, der Orontes Äußerungen dem ersten Typus zuordnet, obwohl sie dem zweiten zuzuordnen sind. Können wir Höflichkeitskonventionen einhalten, *ohne* gegen implizite Aufrichtigkeitserwartungen zu verstoßen, also *ohne* zu lügen, oder wäre die Beachtung von Höflichkeitskonventionen eine Lüge?

Angesichts dieser Zuordnungsschwierigkeiten werden wir uns im Allgemeinen um eine Entscheidung, wie wir die Äußerungen des Gegenübers interpretieren, drücken und versuchen, beide Interpretationsmöglichkeiten offen zu halten, um uns *weder* dem Vorwurf der Unaufrichtigkeit *noch* dem Vorwurf der Rüpelhaftigkeit aussetzen zu müssen. Wir werden lavieren. Wir werden versuchen, die Kunst des Ausbalancierens zwischen Aufrichtigkeit und Rücksichtnahme zu praktizieren, die man »Takt« nennt. Im oben genannten Beispiel wird Paula sich bei ihrer Stellungnahme zum Kleid der Freundin vielleicht in Manöver flüchten, die geeignet sind, die Sprachlosigkeit ästhetischen Entsetzens als stumme Ergriffenheit erscheinen zu lassen (»Ich weiß gar nicht, was ich sagen soll!«, »Mir fehlen die Worte!«), womit sie nicht lügt, aber auch nicht grob unhöflich ist. Sie wird vielleicht zu Formulierungen ihre Zuflucht nehmen, die – für den Fall, dass die Freundin Aufrichtigkeit von ihr erwartet – keine Lügen sind, aber – für den Fall, dass die Freundin das Ich-tue-so-als-ob-ich-aufrichtig-frage-und-dutust-so-als-ob-du-aufrichtig-antwortest-Spiel spielen will – auch keinen groben Regelverstoß darstellen, etwa indem sie darauf hinweist, dass der neue Kleidungsstil »erfrischend unkonventionell« und »ein echtes Experiment« und »mal ganz was anderes« sei und es »total spannend« sei, »den eigenen Typ mal ganz neu zu definieren«.

Dass wir hier empirisch extreme Zuordnungsschwierigkeiten haben und das Leben uns fast unbegrenzte Möglichkeiten bietet, durch falsche Zuordnungen in Fettnäpfchen zu treten, ändert aber nichts daran, dass wir philosophisch Klarheit schaffen und sagen können: Die sogenannten »Höflichkeitslügen« sind *entweder* keine echten Lügen *oder* sie sind Lügen – und *wenn* sie es sind, dann spricht nichts dagegen, weiterhin davon zu sprechen, dass Lügen eine Beziehung als Gegnerschaft definieren.

3. Sozial verfestigte »Lügen«

Gibt es aber nicht auch harmlose Lügen, mit denen wir weder jemandes Wohl fördern noch seine Gefühle schonen wollen, die aber dennoch »Lügen ohne Gegnerschaft« sind? Liegen solche Lügen nicht z. B. in konventionalisierten Grußformeln (»Mit vorzüglicher Hochachtung«) oder bei ritualisierten Glückwünschen (»Wir wünschen Ihnen alles Gute zum Einzug in das neue Haus!«) vor, die man im Allgemeinen ausspricht, um einer sozialen Anforderung zu genügen, aber ohne tatsächlich »vorzügliche Hochachtung« zu empfinden oder »alles Gute« zu wünschen?

Die Entgegnung hierauf ist: Bei solchen sozial verfestigen Formeln handelt es sich nicht um Lügen (daher die Anführungszeichen in der Überschrift zu diesem Abschnitt), weil sie in den Kontexten, in denen sie verwendet werden, nicht mehr in einem wörtlichen Sinne interpretiert werden. Niemand lügt, wenn er jemandem »einen guten Tag wünscht«, obwohl ihm dessen Tagesverlauf recht gleichgültig ist, oder ihm »alles Gute zum Einzug in das neue Haus« zu wünschen bekundet, obwohl er ihm auch ein bisschen Schlechtes wünscht. Schon sprachlich senken wir hier die Anforderungen für die Anwendung eines Ausdrucks wie »wünschen« merklich ab. Während es normalerweise zu den Anwendungskriterien für »wünschen« im Ausdruck »A wünscht X« gehört, dass A ein Interesse an X hat, sind wir schon dann bereit, von

A zu sagen, dass er »B einen guten Tag wünscht«, wenn er nur die Worte »Guten Tag!« äußert, was auch immer er tatsächlich dabei wünscht. Ausdrücke wie »wünschen« werden in solchen Kontexten in einem metonymischen Sinne verwendet, in dem sie lediglich den beobachtbaren Vollzug bestimmter Handlungen (insbes. den Vollzug von Sprachhandlungen) bezeichnen, sich die Frage von Aufrichtigkeit oder Lüge aber nicht mehr stellt. Während Höflichkeitslügen, die, wie gezeigt, häufig ebenfalls keine »echten« Lügen sind, in einem Graubereich lokalisiert sind, der häufig durch Interpretationsunsicherheiten der Art gekennzeichnet ist, dass wir nicht genau wissen, sondern eher vermuten, dass eine bestimmte Äußerung gar keine aufrichtige Antwort verlangt und daher eine unaufrichtige Antwort auch keine Lüge ist, gehören solche sozial verfestigen Formeln zu einem Bereich, bei dem eindeutig niemand mehr Aufrichtigkeit erwartet und daher auch nicht gelogen wird.

Zahlreiche Beispiele für solche sozial verfestigten Formeln, die keine Lügen mehr sind, bietet die Zeugnissprache. In manchen Kontexten, etwa dem informellen Gespräch, könnte man durchaus lügen, wenn man von einem Mitarbeiter sagt, dass er »alle Aufgaben stets zu unserer vollsten Zufriedenheit« erledigt hat, obwohl er vielleicht nicht alle, sondern nur fast alle Aufgaben nicht stets, sondern nur fast stets und nicht zur vollsten, sondern zur vollen Zufriedenheit erledigt hat. Verwendet man aber diese Formulierung in einem Arbeitszeugnis, lügt man nicht, auch wenn sie nicht wörtlich der Wahrheit entspricht, denn die Formel hat in diesem Kontext eine eigene Bedeutung und kann als Ausdruck einer starken Empfehlung in Abgrenzung z. B. von »hat ihre Aufgaben im Großen und Ganzen zu unserer Zufriedenheit erledigt« verwendet werden. Entsprechend können Aussagen, die in anderen Kontexten ein aufrichtiges Lob darstellen würden (»Er hat sich immer sehr bemüht«), in Arbeitszeugnissen ein vernichtendes Urteil sein. Auch der hartgesottenste Kantianer muss daher keine moralischen Skrupel haben, wenn er im Arbeitszeugnis, wohl wissend, dass dies nicht wörtlich der Wahrheit entspricht, von jemandem sagt, er habe seine Arbeiten »immer sehr effizient, sorgfältig und selbständig ausgeführt«. Wer solche Skrupel hätte, würde damit nicht zeigen, dass er moralisch besonders sensibel ist, sondern dass ihm ein bestimmtes Wissen fehlt – nämlich ein Wissen um die durch

Konventionen festgelegte Bedeutung von Ausdrücken wie »immer sehr effizient« im Kontext Zeugnissprache. Angesichts dieser Bedeutungsfestlegung im Kontext Arbeitszeugnis wäre es abwegig, ihm »Verlogenheit« vorzuwerfen, wenn er diese Ausdrücke in einem Arbeitszeugnis verwendet. Zwar kann man auch im Kontext Zeugnissprache durchaus lügen – indem man einen Ausdruck verwendet, der in diesem Kontext einer sehr starken Belobigung entspricht, obwohl man meint, dass die Leistungen des Beurteilten einer schwächeren Belobigungsstufe entsprechen –, aber man lügt nicht, wenn man in diesem spezifischen Kontext die Ausdrücke in einem anderen als dem wörtlichen Sinne verwendet und weiß, dass sie im wörtlichen Sinne nicht zutreffen.

Nicht immer ist der Bereich, in dem ein Ausdruck nicht mehr in einem wörtlichen Sinne zu verstehen ist und in dem daher an einen Sprecher, der den Ausdruck verwendet, auch nicht mehr die Anforderung zu stellen ist, den Ausdruck in diesem wörtlichen Sinne aufrichtig zu verwenden, so klar umgrenzt wie bei Gruß- und Glückwunschformeln oder wie bei der Zeugnissprache. Es kann unklar sein, welchem der beiden Bereiche eine Äußerung angehört, ob hier noch Aufrichtigkeitsanforderungen in Bezug auf die wörtliche Bedeutung des Ausdrucks zu stellen sind oder die Äußerung schon so »sozial verfestigt« ist, dass dies nicht mehr der Fall ist. Ob etwa an die Äußerung »Ich liebe dich« noch Aufrichtigkeitsanforderungen zu stellen sind oder ob sie als Teil eines verfestigten sozialen Rituals, in dem nur noch die Äußerung der Worte selbst, nicht aber ihre Aufrichtigkeit erwartet wird, verwendet wird, kann unklar sein. Im ersten Fall kann sie potentiell eine Lüge sein – man kann dann jemandem lügenhaft versichern, dass man ihn liebt –, während sie im zweiten Fall als Teil eines sozialen Rituals im Rahmen einer Nahbeziehung »angezeigt« sein kann, auch wenn ihr kein Gefühl entspricht. Die Zuweisung kann sich vom ersten in den zweiten Bereich verschieben; die Äußerung kann allmählich ritualisiert und von Aufrichtigkeitsbedingungen entkoppelt werden. Es kann auch sein, dass ein Sprecher glaubt, sozial adäquat gehandelt zu haben, weil er die Äußerung dem zweiten Bereich zuweist, der Adressat aber an sie Aufrichtigkeitsbedingungen stellt und daher dem Sprecher mangelnde Aufrichtigkeit vorwirft. Dass durchaus unklar sein kann, *ob* eine Äußerung (schon) dem Bereich sozial verfestigter »Lügen« zuzuweisen ist oder nicht, ändert nichts daran, dass, *wenn* sie diesem Bereich zugewiesen wird, der Vorwurf der Unaufrichtigkeit unangemessen ist und dann nicht von »Verlogenheit« die Rede sein kann, wenn jemand die Aussage »ohne wirklich etwas dabei zu empfinden« vollzieht.

Unangebracht, wenngleich de facto häufig geäußert, ist aus diesem Grund z. B. der Vorwurf der »Verlogenheit« in Bezug auf Rituale der Erinnerungskultur, etwa Kranzniederlegungen zu Gedenktagen oder Gedenkveranstaltungen im Gedenken an die NS-Verbrechen, mit denen »ja nur noch ein soziales Ritual vollzogen« werde, die insofern »pflichtschuldig« und »kein adäquater Ausdruck des Gedenkens« seien. Natürlich sind solche Rituale hilflose Gesten und nicht mehr als das, und man wünscht sich eine Erinnerungskultur, die die Hilflosigkeit dieser Geste mitreflektiert und zum Thema macht. Aber verlogen sind sie nicht, weil mit ihnen gar nicht der Anspruch erhoben wird, aufrichtiger Ausdruck eines Gefühls zu sein, sondern sie gestische, symbolhafte Repräsentationen eines solchen Gefühlsausdrucks sind. Ähnliches gilt für die Bekundungen der Betroffenheit von Politikern nach Attentaten und Terroranschlägen, die man zu schnell als politischen Opportunismus und daher »verlogen« zu verurteilen geneigt ist, da ihnen kein echter Gefühlsgehalt entspreche – als sei der Ausdruck authentischer Gefühle ihre Funktion und als seien sie nicht im Rahmen dessen, was politisch möglich und angezeigt ist, ritualisierter Ausdruck der gesellschaftlichen Verurteilung dieser Taten durch Repräsentant:innen einer Gesellschaft.

Im Allgemeinen ist es Teil der Lebenserfahrung, ein Gespür für die Bereiche zu entwickeln, in denen Äußerungen *nicht* mehr an Aufrichtigkeitsbedingungen zu messen sind, keine echten Lügen, sondern nur noch sozial verfestigte »Lügen« darstellen. Wer es entwickelt hat, wird nicht mehr dort den Maßstab der Aufrichtigkeit anlegen, wo er nicht angebracht ist. Man erwartet bei Geburtstagsfeiern keine Aufrichtigkeit gegenüber dem zu Feiernden, bei Antritts- und Abschiedsvorlesungen keine aufrichtigen Einschätzungen der wissenschaftlichen Verdienste des Vortragenden. Niemand erwartet, dass die Freundlichkeit der Bedienung im Restaurant mehr ist als die Erfüllung einer Rollennorm und dass sie wirklich wissen möchte, wie es einem schmeckt; niemand erwartet, dass

Antiquitätenhändler bei einem Verkaufsgespräch an einem »fairen Preis« interessiert sind; es ist ihr Beruf, einen über den Tisch zu ziehen. Man hat in solchen Fällen im Allgemeinen keine Aufrichtigkeitserwartung mehr, was natürlich nicht ausschließt, dass man das fragliche Verhalten aus Gründen, die vom Vorwurf der Unaufrichtigkeit ganz unabhängig sind, kritisieren kann.

»Sozial verfestigte« Äußerungen, die im Rahmen solcher Kontexte getätigt werden, sind daher, wenngleich sie in anderen Kontexten durchaus Lügen sein könnten, in diesen Kontexten auch dann keine Lügen, wenn der Sprecher selbst sie für falsch hält. Und daraus folgt a fortiori: Sie sind, da sie überhaupt keine Lügen sind, auch keine Lügen ohne Gegnerschaft. Und das heißt: Auch sie sind nur vermeintliche Gegenbeispiele zu der These, dass Lügen eine Beziehung als Gegnerschaft definieren. Sie sind nicht geeignet, diese These infrage zu stellen.

IV

ANGEMESSENE LÜGEN

Wenn Lügen eine Form des sozialen Handelns sind, mit der wir uns zueinander in der Weise in Beziehung setzen, dass wir eine Beziehung als Gegnerschaft definieren – was bedeutet das für die traditionell unter der Überschrift »Sind Lügen moralisch erlaubt?« behandelten normativen Probleme, also für die Frage, ob und, wenn ja, unter welchen Bedingungen man lügen darf?

1. Angemessenheit statt Erlaubtheit

Gegnerschaften sind *als solche* weder gut noch schlecht, weder geboten noch verboten. Auch Machtausübung – und Lügen wurden als eine Form der Machtausübung bestimmt – ist *als solche* weder gut noch schlecht, weder geboten noch verboten, denn man kann Macht auf verschiedene Weisen ausüben, sie missbräuchlich oder verantwortungsvoll und zu ganz verschiedenen Zwecken einsetzen. Dass konkrete Beispiele für Lügen fast immer moralische Intuitionen auf den Plan rufen – dass z.B. einen Ortsunkundigen, der nach dem Weg fragt, zu belügen uns unmittelbar als »moralisch falsch« erscheint –, sollte nicht den Blick darauf verstellen, dass Lügen selbst als Form des sozialen Handelns als *normativ neutrales Phänomen* anzusehen sind. Damit ist natürlich nicht gesagt, dass der *Grund* dafür, dass Lügen als normativ neutral anzusehen sind, darin liegt, dass sie eine Form des sozialen Handelns sind. Auch Foltern oder Vergewaltigen sind nach der obigen, an Weber orientierten Definition von »soziales Handeln« Formen des sozialen Handelns, und sie sind natürlich nicht normativ neutral. Wohl aber ist damit gesagt, dass wir, *insofern* wir Lügen als eine Form des sozialen Handelns ansehen *und als nichts anderes,* Lügen als ein normativ neutrales Phänomen anzusehen haben. Sowohl der Ausdruck »Lüge« selbst als auch die zu seiner Explikation verwendeten Ausdrücke wie »Gegnerschaft« und »Macht« wurden bisher – auch wenn die Versuchung groß ist, diese Ausdrücke normativ aufzuladen – in einem rein deskriptiven Sinne verwendet, und das bedeutet, dass es »intern« zur Lüge nichts gibt, was sie moralisch verwerflich oder bedenklich macht.

Wenn man Lügen – normativ neutral – als eine Form des sozialen Handelns versteht, ist man nicht berechtigt, von vorneherein vorauszusetzen, dass eine Lüge *als Lüge* einer Rechtfertigung oder einer Entschuldigung bedarf. Die Frage »Ist X moralisch erlaubt?« stellen wir aber im Allgemeinen vor der Hintergrundannahme, dass zumindest eine Art »moralischer Anfangsverdacht« gegen X besteht oder X im Allgemeinen moralisch falsch oder verboten ist; wir erkundigen uns dann danach, unter welchen Bedingungen wir von der Annahme, dass es verboten oder falsch ist, abweichen können. Wir nehmen dann an, dass X der Rechtfertigung bedarf, und eine Rechtfertigung ist etwas Defensives, eine Verteidigung gegen einen erhobenen und prima facie berechtigten Vorwurf. Dieser Vorwurf setzt wiederum eine Norm, gegen die verstoßen zu haben der Inhalt des Vorwurfs ist, voraus.[42] Dabei ergibt sich der Anfangsverdacht gegen X, der X unter Rechtfertigungsdruck stellt, aus Eigenschaften der durch »X« bezeichneten Tätigkeit. So können wir fragen »Ist Töten moralisch erlaubt?« oder »Ist Foltern in bestimmten Grenzfällen moralisch legitim?«, weil wir die durch »Töten« und »Foltern« bezeichneten Tätigkeiten nicht als normativ neutral auffassen und daher zumindest ein moralischer »Anfangsverdacht« gegen sie, der sie unter Rechtfertigungsdruck stellt, begründet ist. Dieser Anfangsverdacht macht die Frage, ob Töten oder Foltern moralisch legitim sein kann, sinnvoll.

Im Falle von Lügen ist das – wenn man Ausdrücke wie »Lüge«, »Gegnerschaft« und »Macht« konsequent als rein deskriptive Ausdrücke verwendet – nicht der Fall. Setzt man das Verständnis von Lügen als sozialer Definition einer Beziehung als Gegnerschaft voraus und fasst Lügen als nichts anderes denn als eine solche soziale Definition einer Beziehung auf, muss die Frage »Kann Lügen moralisch erlaubt sein?« als genauso befremdlich erscheinen wie z. B. die Frage »Kann Schachspielen moralisch erlaubt sein?«. Schachspielen ist unter normalen Umständen eine normativ neutrale Tätigkeit, und die allgemein gestellte Frage, ob es »moralisch erlaubt sein kann«, erscheint mangels eines moralischen Anfangsverdachtes als zumindest merkwürdig. Man würde vielleicht mutmaßen, dass diese merkwürdige Frage eine verquere Weise ist, sich danach zu erkundigen, unter welchen Bedingungen Schachspielen – nicht: moralisch erlaubt, sondern: – »in Ordnung« ist, und »in Ordnung« dabei auffassen als »sozial angemessen«. Man würde dem Fragesteller konzedieren, dass natürlich manchmal etwas »dagegen sprechen« kann, Schach zu spielen, weil es *sozial unangemessen* ist. Korrigiert man also die Frage »Ist Schachspielen moralisch erlaubt?« zu »Ist Schachspielen sozial angemessen?«, ließe sich darauf eine naheliegende und sinnvolle Antwort geben. In bestimmten Kontexten ist Schachspielen sozial angemessen und daher »in Ordnung«, in anderen nicht. Beim allwöchentlichen Treffen im Schachverein oder beim abendlichen Treffen mit dem Freund ist es sozial angemessen, und es ist nichts dagegen einzuwenden. Auf einer Trauerfeier oder in einer Fakultätsratssitzung ist es hingegen »nicht in Ordnung«, den Nachbarn zur Schachpartie aufzufordern, wenn man gerade Lust dazu hat, *weil es sozial unangemessen ist.*

Ebenso ist es mit Lügen. Wenn wir Lügen als eine normativ neutrale Form des sozialen Handelns, mit der wir Beziehungen definieren, begreifen, ist die Frage nach der moralischen Erlaubtheit des Lügens durch diejenige nach der sozialen Angemessenheit oder Unangemessenheit des Lügens zu ersetzen. Sie ist in diesem Sinne zu entmoralisieren. Statt die Frage, »ob es in Ordnung ist zu lügen«, von vorneherein moralisch aufzuladen und sie als Frage nach der moralischen Erlaubtheit des Lügens aufzufassen, sollten wir sie als Frage danach auffassen, ob Lügen als Beziehungsdefinitionen einer bestimmten sozialen Konstellation angemessen sind oder nicht. So wie wir fragen können, ob jemanden zu küssen oder ihm die Hand zu geben oder jemandem einen Witz zu erzählen oder ihn trösten zu wollen sozial angemessen ist, können wir auch fragen, ob Lügen sozial angemessen sind.

Zum genaueren Verständnis dieser Frage nach der sozialen Angemessenheit des Lügens sind drei Erläuterungen zum Begriff der Angemessenheit am Platz. Zum einen: Angemessenheit ist eine mindestens zweistellige Relation. Etwas ist etwas angemessen. Ein Lohn ist einer Arbeitsleistung, ein Preis ist dem Wert einer Ware, Dankbarkeit ist einem Geschenk, die Schwere einer Strafe ist einem Normverstoß angemessen. Wenn wir also die Frage, ob Lügen sozial angemessen sind, beantworten wollen, müssen wir zunächst das zweite Relatum der Angemessenheitsrelation benennen. In Abhängigkeit davon, wie wir dieses zweite Relatum benennen, kann die Antwort auf die Frage nach der Angemessenheit von Lügen unterschiedlich ausfallen. Dies gilt offensichtlich auch bei anderen Arten von Angemessenheitsurteilen. Ein Arbeitslohn kann der subjektiven Anstrengung, die mit der Erbringung der Arbeitsleistung verbunden ist, aber nicht dem Wert des hergestellten Produkts angemessen sein, oder umgekehrt, d. h. bei verschiedenen Einsetzungen für das zweite Relatum »X« in der Aussage »Der Arbeitslohn ist X angemessen« werden sich auch unterschiedliche Antworten auf die Frage nach der Angemessenheit eines Arbeitslohnes ergeben. Ebenso verhält es sich bei Lügen. Ersetzt man die Frage nach der moralischen Erlaubtheit des Lügens durch diejenige nach ihrer sozialen Angemessenheit, wird diese Frage sich nicht allgemein mit »Ja« oder »Nein« beantworten lassen, sondern zu relativieren sein auf das, was an der zweiten Stelle der Angemessenheitsrelation steht. Ihre Beantwortung wird kontextrelativ ausfallen: Lügen werden manchmal als angemessen und manchmal als unangemessen einzustufen sein. Vor dieser Konsequenz einer kontextrelativen Einstufung von Lügen als angemessen oder unangemessen muss man nicht zurückschrecken. Im Gegenteil: Dass Lügen manchmal »in Ordnung« sind und manchmal nicht, ist eine sehr starke und weit verbreitete Intuition, mit der übereinzustimmen kein Manko einer Theorie des Lügens ist. Dass es für mich sozial angemessen sein kann, Paul in Bezug auf X zu belügen, nicht aber, Anna in Bezug auf X zu belügen, weil ich zu Paul in einer anderen Beziehung stehe als zu Anna, so dass die durch Lügen vorgenommene Beziehungsdefinition Paul gegenüber angemessen sein kann, nicht aber Anna gegenüber, ist geradezu trivial, so dass der Hinweis auf diese Konsequenz kein überzeugendes Gegenargument zu einer Angemessenheitstheorie der Lüge ist.

Zweitens: Angemessenheitsurteile setzen Kommensurabilität, also eine Vergleichbarkeit der beiden Relata der Angemessenheitsrelation, voraus. Einen Arbeitslohn kann man als einer Arbeit angemessen bezeichnen, insofern man annimmt, dass beides sich in der gleichen (monetären) Einheit messen lässt; eine Strafe kann einem Normverstoß angemessen sein, insofern Strafe und Normverstoß kommensurabel etwa in Bezug auf das dadurch jeweils zugefügte Leiden sind. Auch ein Urteil wie »Lügen sind X angemessen« ist nur dann sinnvoll möglich, wenn die beiden Relata der Angemessenheitsrelation, also das durch »Lügen« und das durch »X« Bezeichnete, kommensurabel sind. Insofern sind Angemessenheitsurteile – die soeben als *»mindestens* zweistellig« charakterisiert wurden – dreistellig: »X ist Y angemessen« heißt: »X ist Y angemessen in Bezug auf B«, z. B. »Die Strafe ist dem Normverstoß in Bezug auf das dadurch jeweils zugefügte Leiden angemessen« oder »Der Lohn ist der Arbeit in Bezug auf den monetären Wert von Lohn und Arbeit angemessen«. Für soziales Handeln bedeutet dieses Kommensurabilitätserfordernis: Eine Handlung, die eine Beziehung als Beziehung einer bestimmten Art definiert, kann als angemessen auch nur in Bezug auf eine Beziehung einer bestimmten Art bestimmt werden. Eine Handlung, die eine Beziehung als zu einem bestimmten Beziehungstypus gehörig definiert, kann auch nur einem Beziehungstypus angemessen sein. Küssen ist einem Beziehungstypus, zu dem ein gewisses Maß an Intimität gehört, ein Handschlag einem Beziehungstypus, der sich – grob gesprochen – auf der Ebene mittlerer sozialer Distanz bewegt und frei von Feindschaft ist, angemessen. Fasst man also Lügen, wie vorgeschlagen, als soziale Definitionen von Beziehungen, nämlich als Definitionen von Beziehungen als Gegnerschaft auf, so muss, um diese Kommensurabilität sicherzustellen, auch das zweite Relatum der Angemessenheitsrelation, also die Einsetzung für »X« im Urteil »Lügen sind X angemessen«, einen Beziehungstypus bezeichnen.

Drittens: Wenn von der sozialen Angemessenheit oder Unangemessenheit von Lügen die Rede ist, werden die Ausdrücke »Angemessenheit« und »Unangemessenheit« in einem deskriptiven Sinne verwendet. Eine solche soziale Angemessenheit festzustellen legt uns nicht auf Wertungen oder normative Einstufungen fest. Man kann eine Verhaltensweise als sozial angemessen einstufen und sie dennoch negativ bewerten – z. B. als konformistisch, spießig, opportunistisch, langweilig, einfallslos –, und man kann sie als sozial unangemessen einstufen und dennoch gutheißen, z. B. als lustvoll zelebrierten Tabubruch, als nonkonformistisch oder als Zeichen des Protests. Lügen als sozial angemessen oder unangemessen einzustufen legt nicht auf wertende oder normative Einstufungen fest.

Lügen sind weder geboten, weil sie angemessen, noch sind sie verboten, weil sie unangemessen sind.

Gegen die These, dass die Ausdrücke »angemessen« und »unangemessen« in der Rede von »sozialer Angemessenheit« in einem deskriptiven Sinne zu verstehen sind, liegt allerdings ein Einwand auf der Hand. Er besteht im Verweis auf (zumindest prima facie) normative Verwendungsweisen dieser Ausdrücke. In ihnen, so scheint es, verwenden wir die Ausdrücke »angemessen« und »unangemessen« nicht als mehrstellige, sondern als einstellige Ausdrücke und nicht in einem deskriptiven, sondern einem normativen oder wertenden Sinne, um damit Lob oder Tadel zum Ausdruck zu bringen: »Sein Verhalten war völlig unangemessen!« bringt im Allgemeinen eine Kritik zum Ausdruck, während »Ihre Reaktion auf sein unverschämtes Verhalten war völlig angemessen!« diese Reaktion positiv bewertet. Also, so der Einwand, ist die Rede von »Angemessenheit« oder »Unangemessenheit« bereits normativ oder wertend imprägniert.

Zu diesem Einwand ist jedoch zu sagen: Auch die normative Verwendungsweise von »angemessen« und »unangemessen« lässt sich auf eine deskriptive Verwendungsweise zurückführen, d.h. durch eine solche analysieren. Man vergleiche zur Veranschaulichung die folgenden beiden Sätze über Rosa Parks, die sich 1955 in einem Bus in Montgomery/Alabama weigerte, ihren Sitzplatz für einen Weißen zu räumen, wodurch sie den »Busboykott von Montgomery« und die schwarze Bürgerrechtsbewegung auslöste bzw. mitauslöste[43]:

(1) Das Verhalten von Rosa Parks war sozial unangemessen.
(2) Das Verhalten von Rosa Parks war sozial angemessen.

Die Ausdrücke »unangemessen« und »angemessen« in (1) und (2) können sowohl deskriptiv als auch normativ verwendet werden. Jemand könnte (2) äußern und dabei »angemessen« in einem normativen Sinne verwenden – also damit ausdrücken wollen, dass Rosa Parks richtig handelte –, aber gleichwohl auch (1) zustimmen und darauf verweisen, dass er »unangemessen« hier deskriptiv verwendet. Er könnte damit sagen wollen: Das Verhalten von Rosa Parks war richtig, es entsprach aber nicht den (mehrheitlichen) Erwartungen in einer rassistischen Gesellschaft. Es verstieß gegen eine weithin akzeptierte soziale Norm und lief dem zuwider, was von den meisten Mitgliedern der Gesellschaft erwartet wurde. Mit (1) würde der Sprecher dann also über eine soziale Tatsache berichten, mit (2) hingegen seine – des Sprechers – Überzeugung ausdrücken, dass Parks' Verhalten sozial angemessen in einem normativen Sinne von »angemessen« war. Er täte dies, weil er als Sprecher die Erwartungen, auf die er sich mit (1) berichtend bezieht, *nicht* teilt. Er hätte ein anderes Verständnis der Beziehung zwischen Schwarzen und Weißen als das, auf das er sich mit (1) berichtend bezieht. Mit (1) bezieht er sich auf ein Verständnis dieser Beziehung, dem zufolge Schwarze sich Weißen unterzuordnen (und ggf. ihre Sitzplätze für diese zu räumen) haben. Relativ zu *diesem* rassistischen Beziehungsverständnis war, wie mit (1) festgestellt wird, Rosa Parks' Verhalten sozial unangemessen. Relativ zu einem Beziehungsverständnis aber, dem zufolge Schwarze und Weiße gleichberechtigt sind, war ihr Verhalten sozial angemessen. Der Sprecher von (2), der »angemessen« in einem normativen Sinne verwendet, setzt dieses nicht-rassistische Beziehungsverständnis voraus. Er stuft relativ zu diesem Beziehungsverständnis, das er selbst als Sprecher teilt, ein Verhalten als »sozial angemessen« ein. Entsprechend könnte ein rassistischer Sprecher »unangemessen« in (1) normativ verwenden, wenn er dabei sein rassistisches Beziehungsverständnis voraussetzt.

Buchstabiert man (1) und (2) so aus, dass man das Beziehungsverständnis, das bei einer normativen Verwendung bereits vorausgesetzt wird, explizit macht, wird deutlich, dass beide Sätze sich – in der dann erweiterten Form – nicht widersprechen:

(1') Das Verhalten von Rosa Parks war relativ zu einem rassistischen Verständnis der Beziehung zwischen Schwarzen und Weißen sozial unangemessen.

(2') Das Verhalten von Rosa Parks war relativ zu einem nicht-rassistischen Verständnis der Beziehung zwischen Schwarzen und Weißen sozial angemessen.

(1') *und* (2') sind deskriptive Sätze. Beide Sätze beziehen sich auf soziale (Un-)Angemessenheit relativ zu einem bestimmten Beziehungsverständnis. Deutlich wird hier, dass die deskriptive Verwendungsweise von »angemessen« und »unangemessen« primär gegenüber der normativen ist. Sie ist »primär« in dem Sinne, dass die normative Verwendungsweise sich auf eine deskriptive zurückführen lässt. (2) lässt sich in der normativen Verwendungsweise von »angemessen« auf (2') zurückführen. Dass der Sprecher mit (2) eine Zustimmung zum Verhalten von Rosa Parks oder eine Belobigung dieses Verhaltens zum Ausdruck bringen kann, liegt nicht daran, dass *das Wort* »angemessen« eine präskriptive Kraft hat, sondern daran, dass der Sprecher das Beziehungsverständnis, auf das »angemessen« in (2) relativiert ist, nicht aber dasjenige, auf das »unangemessen« in (1) relativiert ist, teilt.

Statt (1) und (1') könnte der Sprecher also auch etwas ausführlicher und umständlicher sagen:

(1") Das Verhalten von Rosa Parks war relativ zu einem rassistischen Verständnis der Beziehung zwischen Schwarzen und Weißen sozial unangemessen, und ich, der Sprecher, teile dieses Beziehungsverständnis nicht.

Und statt (2) und (2') könnte der Sprecher sagen:

(2") Das Verhalten von Rosa Parks war sozial angemessen relativ zum nicht-rassistischen Verständnis der Beziehung zwischen Schwarzen und Weißen und ich, der Sprecher, teile dieses Beziehungsverständnis.

(1") und (2") widersprechen einander offensichtlich nicht, und sie können als weiter analysierte Formen von (1) und (2) angesehen werden, wenn (1) und (2) von einem nicht-rassistischen Sprecher geäußert werden. Der präskriptive Sinn, der mit (2) üblicherweise intendiert ist, ergibt sich also aus der Bekräftigung des bei der Äußerung von (2) vorausgesetzten Beziehungsverständnisses. (2) ist insofern – wenn geäußert von einem nicht-rassistischen Sprecher – als verkürzte Redeweise aufzufassen, die einen impliziten Bezug auf das Beziehungsverständnis des Sprechers beinhaltet, so wie »Es ist angemessen, dass Eheleute gelegentlich miteinander sprechen« einen Bezug auf das Verständnis der Beziehung zwischen Verheirateten als einer auch kommunikativen Beziehung beinhalten würde. (1) *und* (2) sind insofern als deskriptive Verwendungsweisen zu rekonstruieren, wobei (1), wenn gesagt von einem Nicht-Rassisten, auf das Beziehungsverständnis anderer (wenn gesagt von einem Rassisten hingegen auf das eigene Beziehungsverständnis) und (2), wenn gesagt von einem Nicht-Rassisten, auf das eigene Beziehungsverständnis referiert. Der Verweis auf die normativen Verwendungsweisen von »angemessen« und »unangemessen« sollte also nicht den Blick darauf verstellen, dass Urteile über soziale Angemessenheit deskriptive Urteile sind. Man kann sie treffen, ohne auf die deontischen Kategorien des Geboten- oder Erlaubtseins oder ein moralisches »Sollen« Bezug nehmen zu müssen.

Dass Angemessenheitsurteile deskriptiv sind, schließt nicht aus, dass man sie insgesamt als Teil einer im aristotelischen Sinne als *Ethos* verstandenen Moral auffassen und beschreiben kann. Die systematisierende Beschreibung der de facto in einer Gesellschaft akzeptierten Angemessenheitsurteile wäre ein rekonstruktives Unternehmen und Teil einer Moralsoziologie. So wäre es Teil einer Geschichte der Frauenemanzipation, Angemessenheitsurteile über das Verhalten von Frauen und Männern sowie das diesen Urteilen zugrunde liegende Verständnis der Beziehung zwischen Männern und Frauen zu systematisieren. Mit dieser auf die »Üblichkeiten« in einer Gesellschaft zu relativierenden Darstellung würde man sich auf den Geltungsgrund der jeweiligen »Regeln der Üblichkeiten« in einer Gesellschaft beziehen.[44] Sich auf diese Regeln der Üblichkeiten zu beziehen heißt allerdings nicht, sie zu affirmieren. Das faktisch in einer Gesellschaft Geltende ist nicht notwendig das Gültige, also auch »für uns« Geltende und von uns Anerkannte.[45] Eine systematisierende Beschreibung von Angemessenheitsurteilen als Teil eines Ensembles von Regeln innerhalb eines sozialen Kontextes wäre daher nicht selbst normativ. Auch eine Beschreibung der Urteile über die Angemessenheit von Lügen als Teil eines *Ethos* wäre dies nicht. Sie würde nicht darauf festlegen, die beschriebenen Angemessenheitsurteile für gültig zu halten oder das ihnen zugrunde liegende Beziehungsverständnis zu teilen.

2. Wann sind Lügen angemessen?

Die Frage ist also: Wenn die bisherige Analyse von Lügen als soziale Definitionen von Beziehungen als Gegnerschaften korrekt ist, welchem Beziehungstypus sind Lügen angemessen? Die Antwort hierauf ist in einem ersten Zugang überaus einfach. Sie lautet: Gegnerschaften. Lügen sind, weil sie Beziehungen als Gegnerschaften definieren, Gegnerschaften angemessen. Diese Antwort ist nicht nur einfach, sie ist sogar analytisch wahr: Handlungen, die eine Beziehung als Gegnerschaft definieren, sind Gegnerschaften angemessen.

Allerdings enthält diese Antwort noch eine Vereinfachung, denn Gegnerschaften »bestehen« nicht einfach. Dass zwischen A und B »eine Beziehung der Gegnerschaft besteht«, ist keine relationale Tatsache wie diejenige, dass A und B zueinander im Abstand von zwei Metern stehen oder dass A die Cousine von B ist. Vielmehr können wir eine Beziehung *als* Gegnerschaft auffassen oder dies unterlassen. Das »hermeneutische ›als‹« in dieser Formulierung, das auf die Sinnstruktur des Etwas-als-etwas-Verstehens verweist[46], macht deutlich, dass wir Beziehungen als Gegnerschaften oder als nicht gegnerschaftliche Beziehungen *verstehen*, sie auf die eine oder andere Weise *auffassen* können. Präziser als die Aussage: »Lügen sind Gegnerschaften angemessen« ist daher eine konditionale Formulierung: *Wenn* wir Beziehungen als Gegnerschaften auffassen, sind Lügen – also Handlungen, die Beziehungen sozial als Gegnerschaft definieren – als den so verstandenen Beziehungen angemessen anzusehen. Dabei ist die in Kapitel I 3 genannte Differenz zwischen »eine Beziehung als Gegnerschaft *definieren*« und »eine Beziehung als Gegnerschaft *auffassen*« in Erinnerung zu rufen. In *beiden* Ausdrücken taucht das hermeneutische »als« auf, aber im ersten Fall (»definieren als«) verweist es auf ein Verstehen, das von kollektiven Intentionen, die die soziale Bedeutung von Handlungen festlegen, im zweiten Fall (»auffassen als«) auf ein Verstehen, das von individuellen Intentionen getragen wird. Wie eine soziale Handlung eine Beziehung *definiert*, ist, so wurde argumentiert, keine »Privatsache«; es hängt nicht von individuellen Intentionen ab. Handlungen definieren Beziehungen als Beziehungen einer bestimmten Art, was auch immer der Handelnde über sie sagen mag. Lügen definieren eine Beziehung als Gegnerschaft, was auch immer der Lügende darüber sagen mag. Aber ob sie auch so *aufgefasst* werden, ist eine andere Frage. Es mag sein, dass der Lügende, der die Beziehung durch seine Handlungen als Gegnerschaft definiert, diese Beziehung nicht als Gegnerschaft *auffasst*. Es mag auch sein, dass zwar der Lügende die Beziehung zum Belogenen als Gegnerschaft auffasst, der Belogene dies aber nicht tut. Von beidem wird später noch die Rede sein. Vorerst ist festzuhalten: *Insofern* wir Beziehungen als Gegnerschaften auffassen, können wir Lügen in ihnen als angemessen ansehen. Lügen können dann eines der Kampfmittel sein, die wir im Rahmen einer so interpretierten Beziehung einsetzen, um jemanden an der Erreichung dessen, was er will, zu hindern.

Die Einstufung von Lügen als angemessen oder unangemessen ist also stets *relativ* auf das Verständnis einer Beziehung als einer Beziehung der Gegnerschaft oder als einer anderen, z. B. einer kooperativen Beziehung. Dabei wird natürlich sehr häufig zwischen den an einer Beziehung Beteiligten keine Einigkeit darüber bestehen, ob eine Beziehung als Gegnerschaft aufzufassen ist oder nicht. Es kann sein, dass A und B sich in einer Beziehung befinden, die A als Gegnerschaft und B als kooperative Beziehung auffasst. Es kann sein, dass A die Beziehung zu B als Gegnerschaft auffasst und daher durch seine Handlungen als Gegnerschaft definiert, B dies aber nicht tut. In diesem Fall würden wir nicht sagen, dass zwischen A und B »eine Gegnerschaft besteht«. Die Formulierung »Zwischen A und B besteht eine Gegnerschaft« ist eine legitime verkürzte Redeweise für Fälle, in denen A die Beziehung zu B als Gegnerschaft interpretiert *und* B die Beziehung zu A als Gegnerschaft interpretiert, nicht aber für Fälle, in denen nur eine der beteiligten Parteien dies tut. Die Machthaber des südafrikanischen Apartheidsregimes, die Nelson Mandela aufgrund seines Einsatzes gegen Diskriminierung 27 Jahre in Haft hielten, fassten die Beziehung zu ihm als eine Gegnerschaft auf und definierten sie durch ihre Handlungen entsprechend. Sie sahen Mandela als ihren Gegner an und behandelten ihn entsprechend. Mandela aber fasste die Beziehung zu denjenigen, die für seine Inhaftierung verantwortlich waren, nicht als Gegnerschaft auf, wie in seiner »Politik der Versöhnung« nach seiner Freilassung deutlich wurde. Auch die Definition einer Beziehung als Gegnerschaft ist ein Definitions*angebot*, das man ablehnen kann. Mandela tat das. Er weigerte sich, auf die Definition der Beziehung zu ihm als Gegnerschaft mit Handlungen zu reagieren, die die Beziehung zu den Machthabern als Gegnerschaft definierten. Genauer: Er fasste diese Beziehung nicht als Gegnerschaft auf; darum definierte er sie auch nicht durch seine Handlungen als Gegnerschaft. Auch Gegnerschaften kann man boykottieren.

Wenn keine Einigkeit darüber besteht, ob eine Beziehung als Gegnerschaft zu interpretieren ist oder nicht, wird auch keine Einigkeit darüber bestehen, ob Lügen in dieser Beziehung angemessen sind. Und in vielen Fällen, in denen ein Dissens darüber besteht, ob Lügen – in der traditionellen Terminologie ausgedrückt – »moralisch erlaubt« sind oder ob sie – in der hier bevorzugten Terminologie einer »Angemessenheitstheorie« der Lüge ausgedrückt – angemessen sind, wird sich dieser Dissens auf einen Dissens darüber zurückführen lassen, wie eine Beziehung zu interpretieren ist. Der Streit um die »Erlaubtheit« einer Lüge entpuppt sich bei näherem Hinsehen häufig als Streit um den Status einer Beziehung – darum, ob sie als Gegnerschaft aufzufassen ist oder nicht. Besteht in der zweitgenannten Frage Einigkeit, also Einigkeit über den Beziehungsstatus, wird häufig auch Einigkeit in der erstgenannten Frage bestehen. Es wurde oben argumentiert, dass wir, statt zu fragen, ob Lügen moralisch erlaubt sind, fragen sollten, ob sie einem bestimmten Beziehungsstatus angemessen sind. Um *diese* Frage zu beantworten, sollten wir nicht moralphilosophische Abhandlungen konsultieren, sondern fragen, wie wir eine Beziehung interpretieren und ob wir sie als Gegnerschaft auffassen wollen oder nicht. *Das* ist die zentrale Frage, die wir klären müssen, wenn wir wissen wollen, ob Lügen »in Ordnung« sind oder nicht.

Hierfür im Folgenden drei Beispiele:

(i) In einem Strafverfahren darf der Angeklagte, sofern er damit nicht wahrheitswidrig eine dritte Person belastet, lügen[47], die Zeugen und die Sachverständigen dürfen es hingegen nicht. Es besteht hier nämlich Einigkeit darüber, dass das Verhältnis zwischen dem Angeklagten auf der einen Seite und Staatsanwaltschaft und Richterin auf der anderen Seite aus der Perspektive des Angeklagten als eines der Gegnerschaft aufzufassen ist. Es wird angenommen und vom Staat anerkannt, dass der Angeklagte »gegen« die Staatsanwaltschaft agiert, darum wird ihm (rechtlich) »erlaubt« zu lügen, d.h. er kann sich im Verfahren nicht wegen einer Falschaussage strafbar machen. Diese Erlaubnis zu lügen bedeutet in der von mir vorgeschlagenen Terminologie nichts anderes, als dass Lügen im Rahmen dieser als solche anerkannten Gegnerschaft auch als angemessen anerkannt werden. Zeugen und Sachverständige hingegen werden nicht als Personen angesehen, die »gegen« Staatsanwaltschaft und Richterin agieren; sie stehen zu ihnen nach allgemeinem Dafürhalten nicht in einer Beziehung der Gegnerschaft. Darum wird von ihnen kooperatives Verhalten erwartet, und sie dürfen nicht lügen. Und der Angeklagte darf nur lügen, sofern er damit nicht wahrheitswidrig eine dritte Person belastet, weil er zu dieser dritten Person ebenfalls *nicht* in einer Beziehung der Gegnerschaft steht und daher ihr gegenüber sehr wohl zur Kooperativität verpflichtet ist – also nicht die Handlungen ausführen darf, die eine Beziehung als Gegnerschaft definieren. Die Differenz zwischen (rechtlich) erlaubten und nicht erlaubten Lügen lässt sich hier also auf die Differenz des jeweiligen Beziehungsstatus (Gegnerschaft vs. kooperative Beziehung) zurückführen.

(ii) Viele Spiele und sportliche Wettkämpfe sind dadurch definiert, dass in ihnen eine – durch den Kontext »Spiel« oder »sportlicher Wettkampf« gerahmte und von allen Beteiligten einhellig akzeptierte – Gegnerschaft besteht. Insofern dies der Fall ist, sind Lügen und Täuschungen im Rahmen dieser Gegnerschaft angemessene und sozial akzeptierte Tätigkeiten.[48] Es gehört zum Schachspiel, den Gegner besiegen zu wollen. Komme ich also als Schachspieler zu dem Schluss, dass mir zwei nach meiner Einschätzung objektiv gleichwertige Züge zur Verfügung stehen, werde ich von beiden Zügen denjenigen wählen, der am ehesten geeignet ist, im Gegner für mich vorteilhafte falsche Annahmen hervorzurufen, etwa, dass ein bestimmter Zug, mit dem er darauf reagieren kann, ein Gewinnzug sei, obwohl es ein Verlustzug ist. Ich werde den Zug wählen, der den Plan, den ich verfolge, eher verdeckt als der andere, der also im Gegner die Fehlannahme provoziert, dass ich genau diesen Plan nicht verfolge. Ich werde den Zug wählen, der dafür, den Gegner über meine Absichten zu täuschen, eher geeignet ist als der andere. Fehler des Gegners, die auch auf Fehlannahmen beruhen, zu provozieren, ihn »auf die falsche Fährte zu locken« ist ein völlig normaler und angemessener Teil des sportlichen Wettkampfes im Schach. Hier ist eindeutig, dass eine (sportliche) Gegnerschaft besteht, und darum ist eindeutig, dass es im Kontext dieser Gegnerschaft angemessen und erlaubt ist, Fehlannahmen zu provozieren.

(iii) Ein Beispiel für einen Dissens in Bezug auf die Frage, ob eine Beziehung als Gegnerschaft zu interpretieren ist oder nicht, bietet hingegen die lebhafte Diskussion des berühmten Kantischen Beispiels für ein Lügenverbot in Kants Abhandlung *Über ein vermeintes Recht aus Menschenliebe zu lügen*[49], in der Kant ein von Benjamin Constant eingeführtes Beispiel[50] aufnimmt und diskutiert, ob wir eine Pflicht zur Wahrhaftigkeit auch in den Fällen haben, in denen ein potentieller Mörder eine Auskunft darüber verlangt, ob man – was der Fall ist – einen von ihm Verfolgten bei sich versteckt hat. Während Constant argumentiert, dass dies nicht so sei, weil kein Mensch »ein Recht auf die Wahrheit [gemeint ist: Wahrhaftigkeit] habe, die einem anderen schade«[51], argumentiert Kant für die These, dass auch in einem solchen Fall ein Lügenverbot gelte, man also dem Mörder wahrheitsgemäß Auskunft über den Aufenthaltsort des Versteckten erteilen müsse.

Kants Position wirkt befremdlich und ist oft als unangemessen »rigoristisch« kritisiert worden.[52] Statt sie aber einfach mit dem Hinweis auf gegenläufige Intuitionen zu verwerfen – sicherlich haben wir im Allgemeinen die Intuition, dass man in einem solchen Fall lügen darf und soll, um den Versteckten vor dem Zugriff der Mörder zu retten –, sollte man fragen, *warum* Kant zu dieser uns befremdlich erscheinenden Position gelangte. Er tat dies, weil er die Beziehung zwischen dem potentiellen Auskunftsgeber und dem nach Auskunft Verlangenden *nicht* als Gegnerschaft interpretierte. Dies wiederum tat er deswegen nicht, weil er – in einer sicherlich zumindest noch erläuterungsbedürftigen Konzeption – den nach Auskunft Verlangenden nicht als Individuum, sondern als Teil »der Menschheit überhaupt« auffasste, der durch Lüge ein Unrecht zugefügt würde:

> Wahrhaftigkeit in Aussagen, die man nicht umgehen kann, ist formale Pflicht des Menschen gegen jeden [d.h. gegenüber jedem],

> es mag ihm oder einem andern daraus noch so großer Nachtheil erwachsen; und ob ich zwar dem, welcher mich ungerechterweise zur Aussage nöthigt, nicht Unrecht thue, wenn ich sie verfälsche, so thue ich doch durch eine solche Verfälschung, die darum auch (obzwar nicht im Sinn des Juristen) Lüge genannt werden kann, im wesentlichsten Stücke der Pflicht überhaupt Unrecht: d.i. ich mache, so viel an mir ist, daß Aussagen (Deklarationen) überhaupt keinen Glauben finden, mithin auch alle Rechte, die auf Verträgen gegründet werden, wegfallen und ihre Kraft einbüßen; welches ein Unrecht ist, das der Menschheit überhaupt zugefügt wird.[53]

Zur »Menschheit überhaupt« aber stehen wir nicht in einer Gegnerschaft, und da *jede* Person für »die Menschheit überhaupt« steht, darf die Pflicht zur Wahrhaftigkeit nach Kant »keinen Unterschied zwischen Personen mach[en], gegen die man diese Pflicht haben, oder gegen die man sich auch von ihr lossagen könne«[54]; vielmehr sei es eine »unbedingte Pflicht [...], die in allen Verhältnissen«[55], also allen Beziehungen zu Personen als Teil der »Menschheit überhaupt«, gelte.

Man wird mit Fug und Recht fragen, warum das Verhalten gegenüber dem Auskunft Verlangenden als Verhalten gegenüber »der Menschheit überhaupt« und nicht als Verhalten gegenüber dieser Person aufgefasst werden sollte und was hier mit »Menschheit überhaupt« gemeint sein kann. An *dieser* Frage sollte eine Kritik der Kantischen Position ansetzen. Aber deutlich ist: Weil Kant ein Verhältnis, das wir normalerweise als Gegnerschaft interpretieren würden, nicht als Gegnerschaft interpretiert, hält er Lügen auch in einem solchen Fall für nicht angemessen. Und das Befremden über die Kantische Position lässt sich am besten so auf den Punkt bringen: Es ist, wenn man nicht Kants Konstruktion in Anspruch nehmen will, dass mit jeder Lüge der »Menschheit überhaupt« Unrecht getan wird, sehr plausibel zu sagen, dass die Beziehung zwischen dem potentiell Auskunft Gebenden und dem nach Auskunft verlangenden potentiellen Mörder als eine Beziehung der Gegnerschaft aufzufassen ist. Normalerweise würden wir sie so auffassen. Normalerweise wird der potentielle Auskunftsgeber die Beziehung zu dem nach Auskunft Verlangenden als eine der Gegnerschaft interpretieren, und normalerweise würden wir – als unbeteiligte Beobachter, die über diesen Fall sprechen – dieses Beziehungsverständnis teilen. Und wenn wir dies tun, werden wir auch sagen, dass eine Lüge dieser Art von Beziehung angemessen ist – dass man also, in der traditionellen Terminologie ausgedrückt, in einer solchen Situation »lügen darf«. Insofern wir eine Beziehung als Gegnerschaft interpretieren, werden wir Lügen als ihr angemessen ansehen.

3. Löbliche Lügen

Eine »Angemessenheitstheorie der Lüge«, wie sie hier entwickelt wird, kommt, da »Angemessenheit« selbst kein normativer Ausdruck ist, ohne deontisches Vokabular aus. Die Einstufung von Lügen als geboten, verboten oder erlaubt können wir, wenn wir uns auf die soziale Angemessenheit oder Unangemessenheit von Lügen beziehen, auf sich beruhen lassen. In der Ersetzung dieser deontischen Kategorien durch die Kategorie der sozialen Angemessenheit besteht die im Zentrum dieses Essays stehende Entmoralisierung der Frage nach der moralischen Erlaubtheit des Lügens. Dies schließt aber die Möglichkeit der moralischen *Bewertung* von Lügen keinesfalls aus. Eine solche Bewertung ist keine normative Einstufung; für sie ist evaluative, nicht deontische Redeweise charakteristisch.[56]

Diese Unterscheidung zwischen normativer und deontischer Rede einerseits und wertender Rede andererseits beruht auf der Annahme, dass die deontischen Ausdrücke »geboten«, »verboten« und »erlaubt« und normative Ausdrücke wie »sollen« und »müssen« sich auf Aufforderungen, die als solche stets einen Adressaten haben – jemand soll etwas tun, jemandem ist etwas geboten – beziehen, während Wertungen dies nicht tun, sondern Einstellungen gegenüber dem Gewerteten ausdrücken, die als solche keinen Adressaten haben. Diese Annahme ist nicht unumstritten; insbesondere Richard Hare und andere Anhänger des Präskriptivismus haben argumentiert, dass auch »Ist-gut«-Prädikationen und andere wertende Prädikationen dem Genus der präskriptiven Rede zuzuordnen seien.[57] Hare begründet diese These im Wesentlichen mit der Zurückweisung der Annahme, dass »gut« und andere wertende Ausdrücke als rein deskriptive Ausdrücke aufgefasst werden könnten, aber auch wenn diese Zurückweisung einer deskriptivistischen Analyse wertender Prädikate berechtigt ist, folgt daraus nicht, dass wertende Ausdrücke präskriptiv seien, denn das nicht-deskriptive Bedeutungselement dieser Ausdrücke kann statt als Vorschreiben oder Empfehlen auch – und, wie ausführlich zu zeigen wäre, plausibler[58] – als Ausdruck eines Gefühls oder einer Einstellung, nämlich einer »Pro-Einstellung« gegenüber dem Gewerteten, bestimmt werden. Dementsprechend gehe ich im Folgenden davon aus, dass wertende Prädikationen durch »gut« oder andere wertende Ausdrücke zwar nicht rein deskriptiv sind, aber sich, anders als die genannten deontischen und normativen Ausdrücke, auch nicht auf Aufforderungen beziehen.

Wie wir eine Lüge in evaluativer Hinsicht einstufen, ist nicht durch ein Angemessenheitsurteil festgelegt. Angemessenheitsurteile sind, wie gezeigt, deskriptive Urteile über die soziale Angemessenheit von Lügen, die als solche relativ auf ein Beziehungsverständnis – darauf, ob eine Beziehung als Gegnerschaft interpretiert wird oder nicht – sind. Evaluative Einstufungen beziehen sich hingegen auf die Motive und Ziele des Lügenden. Beide Arten von Urteilen sind logisch unabhängig voneinander. Angemessenheitsurteile legen nicht auf evaluative Einstufungen fest; umgekehrt legen auch evaluative Einstufungen nicht auf Angemessenheitsurteile fest. Etwas genauer: Angemessene Lügen können von sehr unterschiedlicher Art sein. Lügen sind Gegnerschaften angemessen, aber diese Gegnerschaften können auf ganz unterschiedliche Weisen zu beschreiben sein, und in Abhängigkeit davon, worin genau hier die Gegnerschaft besteht, können einer Lüge sehr unterschiedliche Motive zugrunde liegen, und sie kann auf Ziele ganz unterschiedlicher Art bezogen sein. Je nachdem, welche Motive und Ziele der Lüge anzusetzen sind, werden wir innerhalb des Bereichs angemessener und unangemessener Lügen Binnendifferenzierungen vornehmen können, die die *moralische* Qualität einer Lüge betreffen. Wir werden dann z. B. zwischen angemessenen, aber nicht lobenswerten, und ebenfalls angemessenen, aber zudem auch löblichen Lügen und zwischen nicht angemessenen, aber auch nicht moralisch bedenklichen oder tadelnswerten, und ebenfalls nicht angemessenen, aber durchaus moralisch bedenklichen oder tadelnswerten Lügen unterscheiden können.

Während die bisherigen Ausführungen rein deskriptiv waren – gefragt wurde, was die Lüge *ist* und welchen Beziehungstypen sie, und zwar in einem rein deskriptiven Sinne von »angemessen«, angemessen ist –, soll nun auch gefragt werden, welche moralischen Unterscheidungen sich in Abhängigkeit von Motiv und Ziel der Lüge treffen lassen. Diese Unterscheidungen betreffen das breite Spektrum von *Bewertungen*, die sich an Motiven und Zielen eines Akteurs orientieren und die wir durch Ausdrücke wie »moralisch löblich« oder »moralisch bedenklich« zum Ausdruck bringen können. Betrachten wir zunächst die verschiedenen Möglichkeiten angemessener Lügen.

Wir lügen, so wurde gesagt, um *eigene* Interessen durchzusetzen. Auch im Falle angemessener Lügen ist dies der Fall. Dabei ist aber zu beachten: »Eigene Interessen« können egoistische, aber durchaus auch altruistische Interessen sein.[59] Auch das Interesse, das jemand z. B. am Wohlergehen seiner Kinder hat, ist sein *eigenes* Interesse, nicht das einer anderen Person. Aber es ist kein egoistisches Interesse. Es ist auf das Wohl anderer Personen, nicht auf das eigene Wohl bezogen. »Eigenes Interesse« ist also nicht mit »egoistischem Interesse« gleichzusetzen. Mit der These, dass jemand zur Durchsetzung eigener Interessen lügt, wird die Möglichkeit offen gelassen, dass er zur Durchsetzung eigener altruistischer Interessen lügt, wenngleich natürlich auch diejenige, dass er zur Durchsetzung eigener egoistischer, also auf sein eigenes Wohl bezogener Interessen lügt, und wenngleich diese zweitgenannte Möglichkeit vermutlich häufiger als die erstgenannte realisiert sein wird: Im Allgemeinen und häufig lügen wir, um eigene egoistische Interessen durchzusetzen. Ist dies der Fall, werden Lügen häufig als angemessen – d. h. als einer als solche interpretierten Beziehung der Gegnerschaft angemessen –, aber nicht als löblich eingestuft werden. An diese Art von Lügen denkt z. B. Schopenhauer, der Lügen ebenfalls in Beziehungen der Gegnerschaft für angemessen hält, dabei aber ausschließlich Lügen im Blick hat, mit denen der Lügende ein eigenes egoistisches Interesse in Abwehr eines »Angriffes« auf seine Person durchsetzt. In diesem Fall ist die Lüge nach Schopenhauer ein Substitut für legitime Gewalt:

> Wie ich, ohne Unrecht, also mit Recht, Gewalt durch Gewalt vertreiben kann; so kann ich, wo mir die Gewalt abgeht, oder es mir bequemer scheint, es auch durch List. Ich habe also in den Fällen, wo ich ein Recht zur Gewalt habe, es auch *zur Lüge*: so z. B. gegen Räuber und unberechtigte Gewältiger jeder Art, die ich demnach durch List in eine Falle locke.[60]

Schopenhauer – der grundsätzlich geneigt war, in anderen Menschen Gegner zu sehen, deren Übergriffe es abzuwehren gilt – dehnt dabei das Konzept der Gegnerschaft weit aus und spricht auch dann von einem »Angriff« auf die eigene Person, der eine Lüge angemessen mache, wenn ein Übergriff in Privatheitsrechte, insbesondere das Recht auf informationelle Selbstbestimmung, vorliegt:

> Aber *das Recht zur Lüge* geht in der That noch weiter: es tritt ein bei jeder völlig unbefugten Frage, welche meine persönlichen, oder meine Geschäftsangelegenheiten betrifft, mithin vorwitzig ist, und deren Beantwortung nicht nur, sondern schon deren bloße Zurückweisung durch »ich will's nicht sagen«, als Verdacht erweckend, mich in Gefahr bringen würde. Hier ist die Lüge die Notwehr gegen unbefugte Neugier, deren Motiv meistens kein wohlwollendes ist. […] So habe ich […] das Recht, dasjenige auf alle Weise geheim zu halten, dessen Kenntniß mich dem Angriff Anderer bloßstellen würde […].[61]

Lügen zur Abwehr eines – sei es in Form der Androhung direkter Gewalt, sei es in Form des Übergriffes auf Privatheitsrechte – gegen die eigene Person gerichteten »Angriffs« sind also auch nach Schopenhauer angemessen. Auch wenn man ihm in dieser Ansicht folgt und hier von einer »Gegnerschaft« oder einem »Angriff« sprechen will, wird man aber Lügen dieser Art im Allgemeinen nicht als löblich oder Ausweis eines guten Charakters ansehen. Sie sind, wie Schopenhauer – allerdings übertreibend – schreibt, eine Form der »Notwehr«; genauer: Sie zielen auf die legitime Durchsetzung eigener egoistischer Interessen, etwa die Sicherung des eigenen Besitzes, ab. Weil Lügen im Allgemeinen auf diese Weise zur Durchsetzung eigener egoistischer Interessen eingesetzt werden, wird man vermutlich auch diejenigen Lügen, die man als angemessen auffasst, im Allgemeinen nicht als löblich auffassen.

Dies *muss* aber nicht so sein. Es kann durchaus sein, dass eine Person eine Beziehung als Gegnerschaft auffasst, und zwar nicht, weil diese Person selbst, sondern weil jemand anders angegriffen wurde, mit dem diese Person sich solidarisiert und deren Interessen sie durch eine Lüge zu fördern sucht. Die Person hat dann ein eigenes *altruistisches* Interesse, das sie durch die Lüge zu realisieren sucht. In diesem Fall können angemessene Lügen durchaus lobenswert sein. Sie können Ausdruck von Selbstlosigkeit und der Bereitschaft, sich unter Einsetzung des Mittels der Lüge für andere einzusetzen, sein. Wenn nicht zu erwarten steht, dass der Lügner von seinem Tun eigene Vorteile haben, er möglicherweise sogar Nachteile davon haben wird, können Lügen Ausdruck einer altruistischen Gesinnung sein, die moralische Hochschätzung verdient.

Man denke hier etwa an die Lügen, mit denen der Industrielle Oskar Schindler, dem durch Steven Spielbergs Film *Schindlers Liste* ein Denkmal gesetzt wurde, während der Zeit des Nationalsozialismus etwa tausend jüdische Menschen vor ihrer Ermordung durch die Nazis rettete.[62] Unter Einsatz seines Lebens und seines Vermögens stellte Schindler jüdische Arbeiterinnen und Arbeiter in seinen Produktionsbetrieben ein. Um das bewerkstelligen zu können, log er meisterhaft. Er log, dass seine Fabrik eine »kriegswichtige Produktionsstätte« sei, um dort möglichst viele Arbeiterinnen und Arbeiter beschäftigen zu können. Er log, dass inhaftierte Häftlinge aufgrund ihrer Ausbildung unabkömmlich für die Produktion dieser kriegswichtigen Güter seien. Er log, indem er Akademiker und Kinder als qualifizierte Metallarbeiter ausgab, um sie bei sich anstellen zu können. Er bestach hochrangige SS-Funktionäre, um seine Fabrik weiterhin als »kriegswichtigen Produktionsbetrieb« ausgeben zu können. Er log, dass in seiner Fabrik funktionsfähige Munition hergestellt würde. Er log, dass er auch und gerade Kinder als Arbeiter brauche, weil nur sie mit ihren kleinen Fingern die hergestellten Patronenhülsen auf ihre Funktionsfähigkeit überprüfen könnten. Ähnlich wie im diskutierten Constant-Kant-Beispiel wird man diese Lügen im Allgemeinen als angemessen bezeichnen, weil man es für angemessen halten wird, die Beziehung zu den NS-Tätern als Gegnerschaft zu interpretieren und entsprechend zu handeln. Schindlers Lügen waren aber nicht nur relativ auf dieses weithin (nicht aber von den belogenen SS-Offizieren, die Kooperativität erwarteten) geteilte Beziehungsverständnis angemessen, sondern können darüber hinaus als lobenswert bezeichnet werden, weil sie selbstlos waren und unter Einsatz des eigenen Lebens und Vermögens der Förderung des Wohls anderer dienten. Ihnen lag das Motiv zugrunde, anderen in schwierigsten Umständen helfen zu wollen, das machte sie lobenswert.

Konsequentialist:innen werden an dieser Stelle den Versuch unternehmen, die bisherigen Ausführungen zu Lügen in den Konsequentialismus einzugemeinden, indem sie darauf verweisen, dass im Falle Schindlers eben das Ziel, die Rettung der Leben Unschuldiger, ein gutes war und dass es die Erreichung dieses Ziels, also die Herbeiführung der bestmöglichen Konsequenzen, war, die Schindlers Handlungen lobenswert machte. Und natürlich stimmt es, dass Schindlers Handlungen auf ein gutes Ziel bezogen waren. Auch Konsequentialisten – jedenfalls, wenn es sich um Utilitaristen handelt – werden kein Problem damit haben, diese Handlungen mit Blick auf die Motive Schindlers als löblich einzustufen, da sie plausibel argumentieren können, dass aus solchen Motiven zu handeln nutzenmaximierend ist. Allerdings werden Utilitaristen Schwierigkeiten damit haben, den supererogatorischen Charakter der Handlungen Schindlers zu erfassen. Da sie an den Kategorien des Gebotenseins und der Pflicht festhalten, werden sie vermutlich behaupten müssen, dass die Handlungen Schindlers geboten oder pflichtgemäß waren, und sich damit dem Überforderungseinwand aussetzen, zumindest werden sie einige Mühen aufwenden müssen, um zu zeigen, dass die Folgerung, dass Schindlers Handlungen pflichtgemäß waren, sich nicht ergibt, und so den notorischen Überforderungseinwand abzuwehren.[63] Eine »Angemessenheitstheorie« der Lüge, die auf deontische Kategorien ganz verzichtet und stattdessen von der sozialen Angemessenheit von Lügen spricht, hat es hier leichter: Sie wird Schindlers Handlungen als – gemessen an einem von Schindler vertretenen und weithin geteilten Verständnis der Beziehung zwischen dem Lügenden und den Belogenen – angemessen und darüber hinaus als löblich einstufen, ohne aber auf die weitergehende Annahme festgelegt zu sein, dass seine Handlungen moralisch geboten gewesen wären. Das unterscheidet sie von konsequentialistischen, zumal utilitaristischen Ansätzen.

V

UNANGEMESSENE LÜGEN

Von angemessenen Lügen können wir in Bezug auf Beziehungen sprechen, die Gegnerschaften sind, d. h. Lügen sind angemessen relativ auf das Verständnis einer Beziehung als Gegnerschaft. Wann können wir von unangemessenen Lügen sprechen?

1. Wann sind Lügen unangemessen?

Unangemessen sind Lügen in Beziehungen, die keine Gegnerschaften sind. Auch in diesem Satz ist aber die Formulierung »Eine Beziehung ist keine Gegnerschaft« verkürzt, da Beziehungen als Gegnerschaften aufgefasst werden können oder nicht. Präziser muss es daher heißen: Insofern wir eine Beziehung *nicht* als Gegnerschaft auffassen, werden wir Lügen in ihr als unangemessen aufzufassen haben (sofern es sich nicht um die oben genannten »wohlwollenden« Lügen oder Höflichkeitslügen handelt, die zwar punktuelle Gegnerschaften darstellen, aber nicht auf die Beziehung als ganze »abfärben«). Und natürlich ist auch hier mit Interpretationsdivergenzen zu rechnen: A und B können sich in einer Beziehung befinden, die A als Gegnerschaft auffasst, B aber nicht, so dass A Lügen für angemessen, B sie aber für unangemessen halten kann.

Dass diese Divergenzen und unterschiedlichen Auffassungen der Struktur einer Beziehung Dissense in Bezug auf die Frage entstehen lassen können, ob Lügen in einer Beziehung angemessen sind oder nicht, ändert nichts daran, dass es manchmal auch Fälle gibt, in denen eindeutig und unstrittig ist, dass eine Beziehung von allen daran Beteiligten *nicht* als Gegnerschaft aufzufassen ist und auch nicht so aufgefasst wird oder, wie wir verkürzend sagen können: »dass keine Gegnerschaft vorliegt«. In Bezug auf solche Arten von Beziehungen wird man sich im Allgemeinen recht problemlos darauf verständigen können, dass Lügen in ihnen unangemessen sind. Fragt ein Ortsunkundiger mich nach dem Weg – warum sollte ich ihn belügen? Ich kenne ihn nicht, ich konkurriere mit ihm nicht, es gibt keinen Grund, in ein Verhältnis der Gegnerschaft zu ihm zu treten, also werde ich ihn wahrheitsgemäß über den Weg informieren. Eine Lüge wäre hier völlig unangemessen – es sei denn, dass ich Grund habe, die Beziehung zum Fragenden als Gegnerschaft aufzufassen. Fragt er mich nach dem Weg zum städtischen Bordell, werde ich ihn belügen, weil ich Prostitution nicht unterstützen möchte, aber auch keine Lust habe, mich auf eine lange Diskussion mit ihm einzulassen. In diesem Fall interpretiere ich die Beziehung zu ihm als Gegnerschaft. Auch kollegiale Verhältnisse sind, sofern man sie nicht als Konkurrenzverhältnisse ansieht, nicht als Gegnerschaften zu interpretieren – warum also sollte ich einen Kollegen, der mich nach meiner Arbeitsbelastung fragt, belügen? Warum sollte ich die Beziehung zum Mitreisenden, mit dem ich in der Bahn in ein lockeres Gespräch komme und der mich im Rahmen des üblichen Small-Talks fragt, woher ich komme und was mein Beruf ist, als eine Gegnerschaft auffassen? Es gibt, außer für außergewöhnlich misstrauische Naturen, keinen Anlass, hinter solchen Fragen eine böse Absicht zu vermuten und durch Lügen eine Gegnerschaft herzustellen. Auch hier wäre eine Lüge unangemessen.

Dass wir eine Beziehung als Gegnerschaft interpretieren können, impliziert zudem, dass wir es auch unterlassen können. Wir können es sogar in sozialen Konstellationen unterlassen, in denen es naheliegen würde, es zu tun (wie das bereits genannte Beispiel Nelson Mandelas zeigte, der sich weigerte, eine Beziehung als Gegnerschaft zu interpretieren, obwohl dies durchaus nahegelegen hätte). Wenn ich mit einem Kollegen um eine Stelle, auf die wir uns beide bewerben, konkurriere, kann ich die Beziehung zu ihm als Gegnerschaft, als einen Kampf um eine knappe Ressource, auffassen, und durch meine Handlungen entsprechend definieren, etwa indem ich ihn bei anderen anschwärze und ihn in Misskredit zu bringen versuche oder ihn in Bezug auf die genaueren Konditionen der Stellenbesetzung belüge. Ich kann es aber auch bleiben lassen und die Beziehung zu ihm nicht als Gegnerschaft auffassen und sie entsprechend auch durch mein Handeln nicht so definieren. Niemand zwingt mich dazu, es zu tun. Und wenn er die Sache ebenso sieht, wird keiner von uns die Beziehung als Gegnerschaft auffassen, und auch hier sind Lügen unangemessen. Das Ausmaß, in dem man geneigt ist, eine Beziehung als Gegnerschaft aufzufassen, entspricht dem Ausmaß, in dem man geneigt ist, Lügen als dieser Beziehung angemessen anzusehen. Manchmal gibt es aber weder für das eine noch für das andere einen Grund. Und häufig werden wir eine Beziehung nicht als Gegnerschaft aufzufassen und ergo Lügen in ihr als unangemessen anzusehen als vorzugswürdig gegenüber der Option ansehen, sie als Gegnerschaft aufzufassen und Lügen als ihr angemessen anzusehen. Warum sollte man sich zum anderen in eine Beziehung der Gegnerschaft setzen, wenn es keine Indizien dafür gibt, dass der andere einen als Gegner ansieht, und warum sollte man es tun, wenn keine Notwendigkeit dazu besteht? Die wenigsten sind so konsequent im Abweisen von Gegnerschaften wie Nelson Mandela, aber wenn es keine Gegenevidenzen gibt, spricht in unserer sozialen Realität viel dafür, Beziehungen zu anderen zumindest prima facie nicht als Gegnerschaften aufzufassen, also Lügen in ihnen zumindest prima facie als *nicht* angemessen anzusehen.

Es gibt Beziehungen, die nicht nur keinen Anlass bieten, eine Gegnerschaft anzunehmen, sondern die gleichsam unter einer Überschrift stehen, die eine massive *Gegen*evidenz zur Definition von Beziehungen als Gegnerschaften darstellt. Dazu gehören kooperative Beziehungen aller Art, Beziehungen, die unter der Flagge segeln, dass die an ihnen Beteiligten gerade nicht in gegnerschaftlicher Beziehung zueinander stehen. Natürlich gibt es auch hier häufig Zuordnungsschwierigkeiten der Art, dass nicht klar ist, ob eine Beziehung als kooperativ oder nicht-kooperativ zu interpretieren ist. Ob etwa die Mitglieder einer Berufungskommission zueinander wirklich in einem kooperativen, nicht-gegnerschaftlichen Verhältnis – vereint durch das edle Bemühen, die bestqualifizierte Person für die anstehende Stellenbesetzung auszuwählen – stehen oder nicht eher verdeckt gegeneinander agieren, um die jeweils von ihnen favorisierten Kandidat:innen durchzusetzen, wird man als eine offene Frage anzusehen (und mit zunehmender Erfahrung in Berufungskommissionen eher im Sinne der zweitgenannten Alternative zu beantworten) haben. Auch ob man als Steuerzahler die Beziehung zum Fiskus als eine dem sportlichen Wettkampf nicht unähnliche antagonistische Beziehung auffassen und daher einen sportiven Reiz darin erblicken sollte, das Finanzamt möglichst effektiv über die eigenen Einkünfte zu belügen, oder ob man diese Beziehung als kooperative auffassen und sich daher zur Ehrlichkeit verpflichtet fühlen sollte, ist für viele Menschen eine offene Frage.

Es gibt aber auch Beziehungen, die eindeutig als *nicht* gegnerschaftlich etikettiert sind – dazu gehören z. B. Freundschaften und Nahbeziehungen wie Lebenspartnerschaften. Wenn A und B beide ihr Verhältnis als Freundschaftsverhältnis interpretieren, interpretieren sie es (trivialerweise) auch beide als ein Verhältnis, das nicht gegnerschaftlicher Art ist.[64] Ebenso verhält es sich normalerweise in Nahbeziehungen, Lebenspartnerschaften, Ehen. Dies sind Beziehungen, bei deren näherer Ausgestaltung im Allgemeinen ein von allen Beteiligten geteiltes Vorverständnis der Beziehung als nichtantagonistisch, vielmehr kooperativ als »Geschäftsgrundlage« vorausgesetzt werden kann. Beziehungen dieser Art sind daher besonders sensibel gegenüber Störungen und Irritationen durch Lügen, weil Lügen, indem sie das Verhältnis als Gegnerschaft definieren, mit radikalen *Umdefinitionen* dieser Beziehungsformen verbunden sein können. Sie definieren dann die Beziehung gleichsam in ihr Gegenteil um. So wie also im Bereich angemessener Lügen noch eine Binnendifferenzierung zwischen verschiedenen Formen angemessener Lügen sinnvoll war, ist dies auch bei unangemessenen Lügen der Fall. Lügen können auf ganz verschiedene Weisen angemessen und auf ganz verschiedene Weisen unangemessen sein. Die unangemessene Lüge gegenüber dem Ortsunkundigen, der mich nach dem Weg fragt, ist ganz anderer Art als die ebenfalls unangemessene Lüge gegenüber dem Freund oder dem Lebenspartner. Letztere ist, da »die Ausgangsbasis« hier eine ausdrücklich als kooperativ und nicht gegnerschaftlich aufgefasste Beziehung ist, »in besonderer Weise« unangemessen. In welcher?

2. Lügen in Nahbeziehungen

In einer Nahbeziehung belogen zu werden kann für den Belogenen eine Verunsicherung darstellen, die ihm, wenn er die Lüge entdeckt, das kafkaeske Gefühl des Wegbrechens von Bezügen, derer er sich sicher zu sein glaubte, zumutet und für die die Metapher, dass einem »der Boden unter den Füßen weggezogen« wird, nicht ohne Grund weit verbreitet ist. Das hat, allgemein gesprochen, im Wesentlichen zwei Gründe.

Zum einen sind Lügen in Nahbeziehungen im Vergleich zu Lügen in anderen sozialen Konstellationen für den Belogenen durch eine besondere »Fallhöhe« gekennzeichnet. In vielen sozialen Bereichen sind wir gegenüber Lügen relativ enttäuschungsresistent. Wir sind auf sie gefasst, weil wir Aufrichtigkeit nicht mehr, zumindest nicht mehr in naiver Vertrauensseligkeit, erwarten. Man ist darauf gefasst, Gegner im Arbeitsleben zu haben; man rechnet damit, Rücksichtslosigkeit und Ignoranz im Alltag zu begegnen, die Lügen und Austricksen des anderen zu gängigen Umgangsformen machen. Man rechnet nicht mit Freundlichkeit und Kooperation, wenn man bei einem Amt eine Beschwerde einreicht, und stellt sich darauf ein, mit Vorwänden abgespeist zu werden. Man weiß die Komplimente, die einem situationsopportunistisch gemacht werden, von aufrichtigen Wertschätzungen zu unterscheiden, und rechnet mit unaufrichtigen Schmeicheleien. Man kann sich denken, wie die anderen hinter dem eigenen Rücken über einen sprechen und wird daher ihre wertschätzenden Äußerungen über die eigene Person nicht für bare Münze nehmen. In all diesen Bereichen sind wir also auf Lügen gefasst. Wo wir es nicht sind, macht häufig die Ausgangsbasis einer neutralen Beziehung ohne emotionale Angewiesenheit auf den Lügenden das Belogenwerden zu einem Ärgernis, aber auch nicht zu mehr als diesem. Dass der Einheimische uns, aus welchen Gründen auch immer, belügt, wenn wir ihn nach dem Weg fragen, wird uns ärgern, aber auch nicht mehr als dies, denn wir haben mit ihm nichts weiter zu tun. Es ist nicht verständlich, warum er einen als Gegner behandelt, aber die Beziehung zu ihm war auch nicht ausdrücklich als das Gegenteil einer Gegnerschaft definiert. Dass aber in einer Beziehung, die immun gegenüber der Rhetorik des Siegens und Verlierens zu sein scheint und die gerade als Gegenteil einer Gegnerschaft konzipiert zu sein scheint, einer der Beteiligten in gravierender Hinsicht lügt, kann als radikale Umdefinition dieser Beziehung empfunden werden. Das Kontrasterlebnis gegenüber der Beziehungsdefinition, von der sie ausgehen zu können glaubte, macht eine Person durch Lügen in Nahbeziehungen in besonderer Weise verletzbar.

Das Kontrasterlebnis ist aber noch ein anderes. Es besteht auch im Kontrast zwischen impliziter und expliziter Beziehungsdefinition. Dabei ist in Erinnerung zu rufen: Lügen definieren Beziehungen *implizit*. Der Lügende definiert *durch das, was er tut*, die Beziehung als Gegnerschaft, was auch immer er darüber sagen mag. Am Beispiel von Hanekes Film *Das weiße Band* wurde bereits darauf hingewiesen, dass implizite und explizite Beziehungsdefinitionen auseinanderklaffen können, so dass jemand in die Situation des *double-bind* gebracht werden kann, in der die Handlungen des anderen eine ganz andere Sprache sprechen als das, was er über seine Handlungen sagt. Lügen sind hierfür geradezu paradigmatisch. Der Lügner kann ja gar nicht sagen: »Hiermit lüge ich« oder seine Handlung gegenüber dem Adressaten als Lüge beschreiben; diese Verdecktheit gegenüber dem Adressaten zum Zeitpunkt der Lüge ist (neben der Täuschungsabsicht) das wesentliche Merkmal einer Lüge. Er wird die Beziehung *notwendigerweise* explizit immer anders definieren als durch seine Handlungen. Das Gegenüber des Lügenden sieht sich also mit einer expliziten Beziehungsdefinition konfrontiert, die die Beziehung als eine der Kooperativität und der gegenseitigen Vertrauenswürdigkeit definiert. Gleichzeitig wird die Beziehung aber implizit vom Lügenden durch sein Handeln ganz gegenläufig definiert. Wird die Lüge dann aufgedeckt, enthüllt sich die implizite Definition der Beziehung als Gegnerschaft auch der Belogenen. Sie muss jetzt also entscheiden, an welche der beiden gegenläufigen Beziehungsdefinitionen sie sich halten, von welcher sie ausgehen soll. Sie ist in einer *double-bind*-Situation. Und sie wird im Allgemeinen den starken *Wunsch* haben, sich an die explizite Beziehungsdefinition halten zu können. Daher wird sie einige Energien investieren, um die gegenläufige implizite Handlungsdefinition diskontieren zu können. Sie wird eher den Worten als den Taten des anderen Glauben schenken, weil sie das, was der andere sagt, glauben *will*. Auch das macht es so schwer, in Nahbeziehungen Lügen überhaupt zu identifizieren und auch das erleichtert in solchen Nahbeziehungen das Verdrängen der Lügen des anderen so enorm. Geschätzt und nicht belogen zu werden ist zweifellos angenehmer als nicht geschätzt und belogen zu werden, und darum wird die Belogene einen hohen Preis zu zahlen bereit sein, um die Beziehung im Sinne der ersten Variante interpretieren zu können.

Dazu wird auch gehören, dass die Belogene eher bereit ist, die eigenen Wahrnehmungen der Handlungen des anderen in Zweifel zu ziehen, als vom Glauben daran abzuweichen, dass es mit der expliziten Beziehungsdefinition schon seine Richtigkeit haben müsse. Bekundungen der Wertschätzung hört man gerne; man *will* sie glauben. Wenn der andere dann am Wochenende, nachdem er sie geäußert hat, lügenhaft versichert, er verbringe gerade ein einsames Wochenende zuhause mit viel Arbeit, während er tatsächlich mit der Nebenbuhlerin einen Kurzurlaub am Meer macht, wird man, wenn man das herausfindet, geneigt sein, die Eigenwahrnehmung in Frage zu stellen und noch die absurdeste Rechtfertigungssuada zu akzeptieren, sofern sie einem die Möglichkeit belässt, die explizite Beziehungsdefinition nicht in Frage stellen zu müssen. Manipulative Persönlichkeiten verstehen es, auf dieser Klaviatur zu spielen, und die von ihnen Belogenen mit entgeisterter Worüber-regst-du-dich-denn-auf-Miene glauben zu lassen, dass mit ihrer Wahrnehmung der Dinge etwas verkehrt sei. Sich dieser Sichtweise anzupassen und die Lügen des anderen zu verdrängen ist für die belogene Person naheliegend, weil sie angesichts der gegenläufigen expliziten Beziehungsdefinition, die den eigenen Wünschen sehr viel mehr entspricht, nicht sehen *will*, dass der Lügende die Beziehung zu ihr als Gegnerschaft definiert. Und im Allgemeinen sind wir einen extrem hohen Preis zu zahlen bereit, wenn uns dafür in Aussicht gestellt wird, das glauben zu können, was wir glauben wollen.

Natürlich ist hier unangebrachte Melodramatik zu vermeiden: Es gilt auch in Nahbeziehungen, dass nicht *jede* Lüge die Beziehung als ganze einfärbt, und es gilt nicht für jede Lüge, dass diese eine kooperative und auf Vertrauen gegründete Beziehung unterminiert und ihr eine andere Bedeutung zuweist. Es kommt darauf an, welche »Eingriffstiefe« in die Beziehung eine Lüge aufweist. Auch in Nahbeziehungen gibt es belanglose, triviale, anlassbezogen begrenzte Lügen, »Schwindeleien«, um die man normalerweise kein großes Aufheben machen wird. Man wird sich nicht darüber aufregen, wenn einem die Lebenspartnerin »gesteht«, dass sie ein Geschenk nicht, wie lange behauptet, sorgsam verwahrt, sondern verloren hat, dass sie letzte Woche gar nicht, wie behauptet, einen dringenden dienstlichen Termin hatte, der sie am Besuch der

Schwiegereltern hinderte, sondern dazu schlicht keine Lust hatte. Und auch in Nahbeziehungen gibt es »wohlwollende Lügen«, die dem Schutz des anderen dienen. Bekräftigt mich meine Partnerin, nachdem mein Aufsatz von einer Zeitschrift abgelehnt wurde, um meine Enttäuschung abzudämpfen und sich mit mir zu solidarisieren, in der Ansicht, dass die Gutachter inkompetente Dummköpfe sind und das gesamte *peer-review*-System ohnehin zu Stromlinienförmigkeit und Unterdrückung des wahrhaft Guten führt – und dies, obwohl auch sie meinen Aufsatz selbst für wenig gelungen und die Ausführungen der Gutachter für völlig vernünftig hält –, ist dies eine wohlwollende, der Stützung der anderen Person dienende Lüge. Man wird hier (häufig) eher eine technische als eine moralische Anforderung an die Lüge stellen: Man möchte in solchen Fällen möglichst *gut* belogen werden. Dass andererseits auch unaufrichtige Schmeicheleien in einer Nahbeziehung als Zeichen mangelnder Bereitschaft, die andere Person ernst zu nehmen und Problemen nicht ausweichen zu wollen, aufgefasst werden können, macht die Sache allerdings nicht einfacher.

Zudem gibt es natürlich auch in Nahbeziehungen einen Bereich der *Privatheit*, der durch Lügen geschützt werden darf, wenngleich dieser Bereich sehr schwer zu umgrenzen ist.[65] Immerhin gibt es einige Lügen, die sich auch in Nahbeziehungen diesem Bereich des Privatheitsschutzes recht einvernehmlich zuordnen lassen. Auch in Nahbeziehungen kann die Frage »Was denkst du gerade?« als »Angriff« auf einen Privatheitsbereich interpretiert werden, den man durch ein nicht wahrheitsgemäß dahingemurmeltes »Och, an gar nichts Spezielles« schützen darf.[66] Was man fühlt und denkt, gehört auch hier (weitgehend) in den Bereich des Privaten. Meine Partnerin muss mir nicht sagen, dass sie den arroganten Schnösel und Schönling auf der Party, über dessen Blasiertheit wir uns einvernehmlich mokieren, dann doch eine Spur attraktiver fand, als sie eingesteht. Ebenso deutlich wie das Vorhandensein von Privatheitsrechten in Nahbeziehungen ist aber auch, dass die Grenzen des Privaten in Nahbeziehungen signifikant anders gezogen sind als in anderen Beziehungen. Ein Recht auf die Information, dass jemand unfruchtbar ist oder eine Krebskrankheit hat, hat vermutlich sein Partner, nicht aber der Arbeitskollege, den es auch interessiert und der einfach mal so aus Neugier danach fragt. Die Frage danach ist, wenn sie vom zweiten Fragesteller gestellt wird, ein Übergriff in Privatheit, nicht aber, wenn sie vom ersten Fragesteller gestellt wird.

Unstrittig ist, dass die Grenzen des Privaten in Nahbeziehungen anders zu ziehen sind als in anderen Beziehungen; wie genau sie zu ziehen sind, ist wohl nicht allgemein, sondern nur nach Maßgabe der Interessen und Einstellungen der Beteiligten zu sagen. Die Extreme des Spektrums, das den Bereich möglicherweise durch Lügen zu schützender privater Bereiche in Nahbeziehungen umfasst, kann man benennen. Auf der einen Seite steht das Extrem einer »toxischen« Nahbeziehung, in der eine Seite der anderen kontrollsüchtig jedes Recht auf Privatheit abspricht (»Ich bin Dein Ehemann; ich will wissen, wo Du gestern Abend gewesen bist!«), auf der anderen Seite steht das Extrem einer Nahbeziehung, in der eine Seite – von der Tatsache profitierend, dass der Begriff der Privatheit inflationär eingesetzt werden kann – das Recht auf Privatheit für alles und jedes und noch die rücksichtsloseste Handlung reklamiert (»Ich habe Dich fünf Jahre betrogen, na und? Das ist meine Privatangelegenheit!«). Es ist auch in Nahbeziehungen abwegig, für Handlungen, die in massiven Schädigungen der anderen Person bestehen, Privatheitsrechte *gegenüber dem Geschädigten* zu reklamieren (während sie sehr wohl gegenüber Dritten, die sich »in die Beziehung nicht einzumischen haben«, reklamiert werden können), und es ist ebenfalls abwegig, in Bezug auf Handlungen, die offensichtlich keine Schädigung darstellen, solche Privatheitsrechte abzustreiten. Wie genau der sich zwischen diesen Extremen bewegende Zwischenbereich zu charakterisieren ist und wie hier die Grenzen des Privaten abzustecken sind, in welcher Ausführlichkeit man also z. B. dem Partner zu berichten hat, was man auf der letzten Dienstreise getan oder unterlassen hat oder wo man sich wann aufhält, ist im Bereich des Auszuhandelnden. Darauf haben sich die Beteiligten der Beziehung zu verständigen. In der Terminologie einer »Angemessenheitstheorie« der Lüge ausgedrückt: Sie haben festzulegen, welche Art von Lügen einer Nahbeziehung relativ zu ihrem Verständnis dieser Beziehung noch angemessen oder zumindest nicht unangemessen sind. Was, wie man weiß, nicht einfach ist.

Zu fragen wäre auch, ob sich der Bereich des Privaten überhaupt unabhängig von der Beantwortung der Frage, ob Lügen hier angemessen sind oder nicht, spezifizieren lässt, d. h. ob die Privatheit eines Lebensbereiches tatsächlich der *Grund* dafür ist, dass man in Bezug auf ihn lügen darf, oder ob nicht vielmehr das Private schon dadurch definiert ist, *dass* es genau derjenige Lebensbereich ist, in Bezug auf den Lügen angemessen (oder zumindest nicht unangemessen) sind, so dass die Rechtfertigung einer Lüge durch Bezugnahme auf die Privatheit eines Lebensbereiches zirkulär würde und auf die Tautologie »Lügen sind in Bezug auf diesen Lebensbereich angemessen, weil sie angemessen sind« (in der traditionellen Terminologie: »In Bezug auf diesen Lebensbereich darf man lügen, weil man in Bezug auf ihn lügen darf«) zusammenschmilzt. In diesem Fall könnte man sich über das, was privat ist, gar nicht einigen, bevor man sich darüber geeinigt hätte, ob man in Bezug auf diesen Bereich Lügen als angemessen ansehen will oder nicht; die Beantwortung der erstgenannten Frage hinge von der Beantwortung der zweitgenannten Frage ab. Und in diesem Fall wäre es, statt zu fragen, ob etwas durch Privatheit geschützt ist, besser, von vorneherein zu fragen, ob Lügen in Bezug auf diesen Bereich »in Ordnung« sind oder nicht. Die Bezugnahme auf Privatheit als Begründungsgrundlage für Lügen würde dann nur einen unnötigen argumentativen Umweg darstellen.

Zweifellos gibt es also auch in Nahbeziehungen harmlose und durch Privatheit geschützte Lügen, die die Beziehung nicht als ganze einfärben und umdefinieren. Sofern aber eine Lüge in einer Nahbeziehung etwas Gravierendes betrifft, bedeutet sie eine solche radikale implizite Umdefinition der Beziehung. Sie bedeutet dann nicht nur, dass der Lügende durch seine Lügen eine Beziehung implizit umdefiniert, sondern auch, dass die Belogene, wenn die Lüge aufgedeckt wird, rückblickend ihr *eigenes* Verhalten als der tatsächlich bestehenden Beziehungsstruktur unangemessen erkennen muss. Die Belogene definierte die Beziehung nicht als Gegnerschaft, nahm aber an, dass auch die andere Seite dies nicht tun würde, und diese Annahme erweist sich, wenn die Lüge aufgedeckt wird, als verfehlt. Erfährt jemand, dass er in einer Nahbeziehung belogen wurde, steht er, wie Simone Dietz es ausdrückt, »vor der ungeheuren Aufgabe, die gesamte Erinnerung an das mit Unwahrhaftigkeit und Verrat behaftete gemeinsame Leben rückwirkend umzuschreiben, um sie sich dann wieder neu aneignen zu können«[67]. Diese Formulierung ist nicht zu pathetisch. Sie beschreibt die uns vertraute, aber in Nahbeziehungen, in denen man belogen wurde, auf besonders drastische Weise auftretende Notwendigkeit, eine gemachte Erfahrung im Lichte einer neuen Information neu bewerten, in gewisser Hinsicht neu durchleben zu müssen.

Das Phänomen, das hier angesprochen ist, ist an sich ein alltägliches und normales. Es ist kein Ausnahmephänomen. Stets erfahren wir Neues über Personen, und ständig reinterpretieren wir unsere Vergangenheit im Lichte dieser neuen Information. Als Hochschulassistent bekam ich einen Anruf; der Anrufer bat nachdrücklich darum, ihm ein Gespräch mit meinem damaligen Vorgesetzten, Herrn X, zu vermitteln; es sei dringend und die Angelegenheit sei sehr wichtig. Da er mir ein wenig zu viel Selbstbewusstsein in seine Stimme zu legen, ein wenig zu fordernd aufzutreten schien, reagierte ich kühl: Da könne ja jeder kommen, da müsse sich der Anrufer schon selber herbequemen, und Herr X habe ja Sprechstunden, dann müsse er eben gegebenenfalls ein Stündchen auf dem Gang warten, leider nichts zu machen, auf Wiederhören. Das Verhalten gegenüber dem aufdringlichen Anrufer schien mir sehr angemessen. Am nächsten Tag überraschte mich Herr X mit der Frage, warum ich denn gestern so schroff und abweisend am Telefon gewesen sei, als mich der neu gewählte Universitätsrektor (dessen Namen ich anscheinend nicht verstanden hatte), der ihn dann am Abend nach viel Mühen doch noch erreicht habe, um ein Gespräch mit ihm gebeten habe. Es sei nämlich um etwas sehr Wichtiges gegangen, und der Rektor sei schon etwas befremdet gewesen. Die Sache war mir peinlich. Hätte ich gewusst, um wen es sich bei dem Anrufer handelte, hätte ich anders agiert.

Was war passiert? Es ist wichtig zu sehen, dass man Erfahrungen dieser Art zwar zutreffend, aber auch extrem oberflächlich durch den Hinweis beschreibt, dass wir in solchen Fällen eben »etwas Neues über eine Person erfahren«. Sicher »lernen« wir in solchen Situationen »etwas dazu«, aber nicht so, wie ein Schmetterlingsforscher im Laufe seines Lebens immer mehr über Schmetterlinge lernt. Es handelt sich hier nicht um eine bloße Akkumulation von Wissen, sondern darum, dass eine Neuinformation jemanden dazu nötigt, sein vergangenes Verhalten im Lichte dieser Neuinformation zu *reinterpretieren*. Hätte ich gewusst, dass ich es am Telefon nicht mit einem Stalker, sondern dem neu gewählten

Universitätsrektor zu tun habe, hätte ich anders agiert. Im Besitz dieser Information erkenne ich: Es war *falsch*, so zu agieren, wie ich es getan habe. Ich werde auch einige meiner *Gefühle* als unberechtigt erkennen. Das Gefühl der Verärgerung über den vermeintlich aufdringlichen Anrufer war, wie ich jetzt erkenne, unangebracht. Der Rektor hat einiges zu tun, und man kann ihm nicht zumuten, auf Herrn X eine Stunde auf dem Gang zu warten. Keinesfalls führt die neue Information dazu, dieses Gefühl rückblickend als inauthentisch nachzuweisen; es war weder fremdinduziert noch in irgendeinem Sinne »nicht wirklich mein Gefühl«. Das Gefühl der Verärgerung war authentisch. Aber es war ein falsches, nicht zur Situation passendes Gefühl. Rückblickend kann ich, wie wir wohl sagen würden, »zu diesem Gefühl nicht stehen«. Ich bedaure, es gehabt zu haben, und ich bedaure, mich in einer Weise verhalten zu haben, die diesem Gefühl entsprach. Ich habe mit dem anderen in einer Weise interagiert, die unter Voraussetzungen stand, die, wären sie zutreffend gewesen, mein Verhalten richtig und angemessen gemacht hätten. Sie waren aber nicht zutreffend, und darum war mein Verhalten unangemessen.

Eine strukturanaloge Hätte-ich-das-gewusst-Erfahrung können wir in Nahbeziehungen, in denen wir belogen werden, machen. Wer in einer Nahbeziehung über etwas Grundlegendes belogen wurde und dies entdeckt, wird es ebenfalls nicht bei einem entspannten »Man lernt nie aus!« belassen können, weil er rückblickend eigene Handlungen als der tatsächlich bestehenden Beziehungsstruktur unangemessen und eigene Gefühle als zwar nicht inauthentisch, aber »falsch« erkennen muss – als, wie es Uwe Johnson in seiner viel zitierten *Skizze eines Verunglückten* beschreibt, »unwahr, falsch, vergiftet, entwertet, ungültig«[68]. Seine Haltungen und Gefühle waren, weil sie unter falschen Voraussetzungen standen, der tatsächlichen Situation unangemessen und in diesem Sinne »ungültig«. Ihm wird die Erkenntnis zugemutet, dass er das Leben, was er gelebt zu haben glaubte, nicht gelebt hat, weil er es unter Voraussetzungen führte, die nicht zutreffend waren. Er muss es neu bewerten, sich neu aneignen.

Daran, dass man eigene Gefühle rückblickend als falsche Gefühle einstufen kann, ist nichts Geheimnisvolles. Die erinnerte eigene Vergangenheit ist nichts Festes, sondern etwas, dessen Bedeutung sich in Abhängigkeit von neuen Informationen ändern kann. Das gilt auch für die Bedeutung erinnerter Gefühle und die Einstufung ihrer Angemessenheit. Jean Pauls kondolenzkartenbewährter Satz »Die Erinnerung ist das einzige Paradies, aus dem man nicht vertrieben werden kann«[69] bringt zum Ausdruck, dass es einen gegenüber Widerlegungen falscher Annahmen und gegenüber Enttäuschungen abgesicherten Schutzraum der Erinnerung gibt, dem die Wirrungen der Realität nichts mehr anhaben könnten. Er hat aber den Schönheitsfehler, falsch zu sein. Die Erinnerung ist, wenn sie ein Paradies ist, eines, aus dem wir vertrieben werden können. Wer erkennt, in einer Nahbeziehung belogen worden zu sein, erfährt das unsanft. Er wird seine Urteile über die Angemessenheit erinnerter Gefühle rückblickend zu revidieren haben, weil diese auf Voraussetzungen beruhten, die sich als falsch herausgestellt haben. Auch die pubertär und unreif erscheinenden Handlungen, die damit häufig einhergehen – man denke an das Standardprogramm nach dem Ende einer Beziehung, die wütende Entsorgung von Fotos und Erinnerungsstücken, die die Tugendethikerin Rosalind Hursthouse als Beispiel für eine weder rationale noch irrationale, sondern »arationale«, also überhaupt nicht an Rationalitätsstandards zu messende Handlung anführt[70], haben so gesehen durchaus ihre eigene Logik und Rationalität: Wenn es nicht so war, wie man es erinnert, und die Erfahrungen, die man machte, als man unter dem Eindruck der Lüge agierte, »ungültig« sind, hat auch das Foto, das einen glauben lassen will, es wäre so gewesen, keine Funktion mehr. Also weg damit.

3. Lügen und Vorwürfe

Lügen in Nahbeziehungen sind paradigmatisch für Lügen, die von einem Teil der an einer Beziehung Beteiligten als in besonderer Weise unangemessen empfunden werden können. So unangenehm die Erfahrung einer radikalen Umdefinition der Beziehung für den Belogenen auch ist, gilt aber, akzeptiert man die hier entwickelte »Angemessenheitstheorie der Lüge«, auch, dass es für ihn keinen Grund für moralische *Vorwürfe* an den Lügner gibt. Dies ist aus mindestens drei Gründen der Fall.

Zum einen: Die Bezugnahme darauf, dass Lügen »moralisch verboten« seien, fällt im Rahmen einer solchen Angemessenheitskonzeption als Grundlage für einen Vorwurf fort, denn diese Konzeption kommt ja, wie oben ausgeführt wurde, gerade ohne deontisches Vokabular, d. h. ohne die Kategorien des Geboten-, Verboten- oder Erlaubtseins aus. Es lassen sich aber gute Argumente dafür finden, dass Vorwürfe an moralische Falschheitsurteile gebunden sind, die wiederum die deontischen Kategorien voraussetzen.[71] Wir werfen jemandem vor, was wir für moralisch falsch halten. Die Kategorie der Angemessenheit war aber oben von derjenigen der moralischen Falschheit gerade abgegrenzt worden, und es war betont worden, dass »angemessen« ein deskriptiver Ausdruck ist. Natürlich können wir eine Lüge »unangemessen« nennen und damit einen Vorwurf formulieren, aber diese normative Verwendungsweise von »unangemessen« ist – analog zu den in Kapitel IV 1 erörterten Aussagen über die soziale Angemessenheit oder Unangemessenheit des Verhaltens von Rosa Parks – durch eine deskriptive analysierbar und auf diese zurückführbar, da sie relativiert ist auf ein Beziehungsverständnis, mit dem der Sprecher sich identifiziert. »In einer Nahbeziehung zu lügen ist unangemessen« heißt z. B.: »In einer Nahbeziehung zu lügen ist unangemessen *relativ* zum Verständnis dieser Beziehung als einer nicht-gegnerschaftlichen Beziehung, und ich, der Sprecher, teile dieses Verständnis«. Die prima facie normative Verwendungsweise von »unangemessen« erweist sich also auch hier als deskriptiv, und das Urteil nimmt keine deontischen Kategorien in Anspruch, denn dass ein Sprecher ein Beziehungsverständnis »teilt« und es bei seinem Angemessenheitsurteil voraussetzt, heißt zwar, dass der Sprecher dieses Beziehungsverständnis de facto vertritt, sich damit »identifiziert« und es »sich zu eigen macht«, nicht aber, dass er glaubt, dass andere es vertreten *sollten* oder dass dies aus seiner Sicht für andere *geboten* wäre. Darum lässt eine Angemessenheitstheorie der Lüge keinen Raum dafür, jemandem sein Lügen vorzuwerfen – die Vorwurfsgrundlage der dabei vorausgesetzten deontischen Urteile entfällt.

Zweitens ist zu beachten: Vorwürfe setzen einen *common ground* voraus, ein gemeinsames Verständnis einer Beziehung im Sinne einer kooperativen Beziehung und einen vielleicht minimalen, aber immerhin vorhandenen Konsens über (einige) gemeinsame Ziele.

Und dieses Verständnis und dieser Konsens ist bei gravierenden Lügen in Nahbeziehungen gerade nicht gegeben. Ich kann meiner Partnerin Vorwürfe machen, wenn sie den Termin für den geplanten gemeinsamen Theaterabend vergessen hat – aber nur, weil ich unterstelle, dass wir das Ziel des gemeinsamen Theaterabends teilen und die Erreichung dieses Ziels durch ihr Verhalten vereitelt wurde. Ich kann jemandem vorwerfen, mir unachtsam Kaffee über das Jackett geschüttet zu haben – aber nur, weil ich unterstelle, dass auch die andere Person mit mir das Ziel teilt, unnötige Beeinträchtigungen anderer Personen zu vermeiden. Man kann mir vorwerfen, dass ich mich nicht vegetarisch ernähre und dadurch Massentierhaltung unterstütze – aber nur, wenn man voraussetzt, dass wir das Ziel teilen, möglichst das moralisch Richtige zu tun. Wo es solche gemeinsamen Ziele nicht gibt, gehen Vorwürfe ins Leere. Wer den anderen in gravierender Weise und konstant belügt, der definiert dadurch die Beziehung zu ihm als eine, in der er, der Lügende, in Bezug auf den Lebensbereich, in Bezug auf den er lügt, nicht die gleichen Ziele hat wie der Belogene. Daher gehen an ihn gerichtete Vorwürfe, gelogen zu haben, ins Leere. (Andere Vorwürfe als diejenigen, die sich auf das Lügen beziehen, sind natürlich möglich. Auch demjenigen, der einen in einer Nahbeziehung gravierend belogen hat, kann man vorwerfen, gestern nicht den Müll rausgebracht zu haben, denn man kann – Lügen hin, Lügen her – weiterhin das gemeinsame Interesse daran haben, dass der Müll pünktlich rausgebracht wird.) Jemandem, der einen in einer Nahbeziehung belogen hat, dafür einen Vorwurf zu machen, dass er einen belogen hat, heißt, ihm ein Verständnis der Beziehung als einer kooperativen Beziehung zu unterstellen, das er nun einmal nicht hat.

Drittens: Vorwürfe sind nicht nur »reaktive Haltungen«, die wir in Reaktion auf ein angenommenes Unrecht einnehmen.[72] Sie haben auch, wie vor allem Victoria McGeer in ihrer Weiterentwicklung der Strawson'schen Konzeption der reaktiven Haltungen ausgeführt hat, einen zukunftsgerichteten Aspekt.[73] Sie sind, wie McGeer sagt, »proleptisch«, beziehen sich »vorgreifend« auf ein mögliches zukünftiges Verhalten dessen, dem Vorwürfe gemacht werden. Vorwürfe *appellieren* an Verhaltensänderungen. Sie sind nachdrückliche Einladungen, in Zukunft das Verhalten, das man jemandem vorwirft, zu unterlassen. Der Lügende aber hat, wenn es sich um eine mehr als punktuelle und um eine die Beziehung als ganze einfärbende Lüge handelt, diese Einladung bereits abgelehnt. Er hat sich bereits entschieden, die Beziehung nicht als kooperative, sondern als Gegnerschaft anzusehen, und entsprechend gehandelt. Es ist aber pragmatisch abwegig, eine Einladung auszusprechen, die bereits abgelehnt wurde – was man täte, wenn man jemandem in einem solchen Fall sein Lügen vorwerfen würde. Natürlich gibt es manchmal Fälle, in denen auch in Nahbeziehungen »noch nicht alles verloren ist« und man jemandem Lügen in der noch begründeten Hoffnung darauf vorwerfen kann, dass er sein Verhalten ändern und zum Verständnis der Beziehung als einer kooperativen Beziehung zurückkehren möge. Insofern diese Hoffnung noch begründet ist, also noch die Aussicht darauf besteht, jemanden wieder »ins Boot holen zu können«, mögen Vorwürfe auch als Appell an eine noch mögliche Verhaltensänderung angebracht sein. Wo aber Lügen permanent sind und der andere sich dauerhaft aus der kooperativen Beziehung verabschiedet hat, sind Vorwürfe sinnlose Einladungen – sinnlos, weil sie längst abgelehnt wurden.

Auch wenn im Rahmen einer Angemessenheitstheorie der Lüge kein Raum für Vorwürfe an den Lügenden bleibt, bleibt natürlich auch im Rahmen dieser Theorie für den Belogenen Raum für Reaktionen auf das Belogenwordensein, mit denen er ausdrücken kann, dass er die Lügen der anderen Seite auf der Grundlage seines Beziehungsverständnisses als unangemessen empfindet. Insbesondere bleibt Raum für den Ausdruck von *Enttäuschung*, und zwar in einem durch die Etymologie des Wortes »Enttäuschung« nahegelegten Sinne, dem zufolge ein Ent-Täuschungserlebnis eine Desillusionierung ist, eine Korrektur falscher Vorstellungen. Enttäuschung zu empfinden heißt einzusehen, dass die Welt nicht so war, wie man es glaubte und wie man es sich wünschte. Enttäuschung über das Verhalten eines anderen ist möglich ohne Vorwürfe. Dies gilt auch für *Traurigkeit*, die sich auf die Einsicht beziehen kann, dass man in verschiedenen Welten gelebt hat, während man glaubte, Gemeinsamkeiten zu haben. Traurigkeit ist eine evaluative Haltung – traurig sind wir nur über das, was wir (zumindest: auch) negativ bewerten –, aber eine, die als solche frei von Vorwürfen ist. Vorwürfe sind, wie oben ausgeführt, Versuche, jemanden »ins

Boot zu holen«, Einladungen zur Verhaltensänderung. Der Ausdruck von Enttäuschung oder von Traurigkeit ist dies nicht. Natürlich heißt das nicht, dass Enttäuschung und Traurigkeit einerseits und Vorwürfe andererseits miteinander unvereinbar seien (sie gehen häufig Hand in Hand), aber es heißt, dass es Enttäuschung und Traurigkeit ohne Vorwürfe gibt. Enttäuscht sein kann man auch über ein Verhalten, das man jemandem nicht (möglicherweise: nicht *mehr*) vorwirft, sei es aus dem trivialen Grund, dass man es ihm nicht mehr vorwerfen kann, sei es aus dem weniger trivialen Grund, dass man erkannt hat, dass Vorwürfe, wenngleich noch möglich, »vergebliche Liebesmüh« wären und die andere Person der durch den Vorwurf ausgedrückten Einladung, ihr Verhalten zu ändern, nicht folgen wird. Wer in einer Nahbeziehung belogen wurde, wird vermutlich eine solche Enttäuschung empfinden, und einer Angemessenheitstheorie der Lüge widerspricht dies nicht im Geringsten.

Darüber hinaus wird der Belogene vermutlich de facto häufig über Enttäuschungsgefühle und Traurigkeit hinausgehende negative Gefühle wie Empörung empfinden. Er wird, da er die Beziehung als kooperative auffasste, die Lügen der anderen Person als *relativ zu seinem eigenen Beziehungsverständnis* in extremer Weise unangemessen auffassen und eben deswegen Empörung empfinden. Allerdings: Mit dieser Empörung ist er insofern allein, als sie gekoppelt ist an *sein* Verständnis der Beziehung als einer kooperativen Beziehung, und dieses Verständnis teilt die andere Seite nun einmal nicht. Der Lügende hat durch sein Lügen die Beziehung als Gegnerschaft definiert, und im Allgemeinen – wenngleich, wie in Abschnitt 4 dieses Kapitels auszuführen sein wird, durchaus nicht notwendig – wird diese Beziehungsdefinition auf ein Verständnis der Beziehung als Gegnerschaft zurückzuführen sein. *Relativ zu diesem Beziehungsverständnis* als Gegnerschaft ist sein Lügen durchaus angemessen. Wer den Kampf eröffnet, der wird auch Kampfmittel einsetzen. Wer angreift, wird Waffen benutzen. Fasst man eine Beziehung als Gegnerschaft auf, wird man auch die Mittel einsetzen, sie so zu gestalten. Lügen gehören dazu. Der Belogene kann darüber *aus seiner Perspektive* empört sein, sollte sich aber die Gebundenheit dieser Haltung an seine Perspektive, die nicht die der anderen Seite ist, eingestehen.

Vorwürfe an denjenigen, der einen belogen hat, zeigen – anders als Enttäuschtsein und Traurigkeit –, dass der Belogene nicht verstanden hat, dass der andere nicht »im selben Boot sitzt« wie er selbst. Wer es verstanden hat, wird von Vorwürfen Abstand nehmen. Er wird stattdessen einsehen, dass die scheinbare Nahbeziehung eben gar keine war, weil man von Anfang an in verschiedenen Welten gelebt hat. Entfernt er sich aus der Beziehung und geht seiner Wege, stellt er damit die Empfangsbestätigung für die Botschaft aus, die der Lügende bereits – wenngleich bis zur Aufdeckung der Lüge implizit und ohne dass der Belogene sie verstanden hätte – gesendet hat: dass die Beziehung eben keine von *beiden* Seiten als kooperativ definierte war. Wenn der Lügende dies mit einem lässigen »Es war eben ein Missverständnis« quittiert, hat er auf deprimierende Weise recht. Es *war* ein Missverständnis, nämlich eines in Bezug auf die Beziehungsstruktur. A hat die Beziehung – vielleicht, weil er sie nahtlos in ein Lebenskonzept integriert hat, in dem es darum geht, Erfolg zu haben und sich gegen Gegner durchzusetzen – als antagonistisch definiert, B nicht. Genau genommen ist über solche Fälle nur das zu sagen: Beide haben die Beziehung auf unterschiedliche Weisen definiert, weil sie sie auf unterschiedliche Weisen verstanden haben, und zwar vielleicht von Anfang an. Das allerdings kann, und zwar für beide Seiten, eine bittere Pille sein.

4. In aller Unschuld lügen

Zu beachten ist dabei aber auch Folgendes. In Kapitel I 3 wurde auf die Differenz zwischen der *Definition* einer Beziehung und der *Auffassung* einer Beziehung verwiesen, wobei Erstere in dem Sinne »objektiv« ist, dass sie durch Handlungen festgelegt wird und von kollektiven, nicht individuellen Intentionen bestimmt ist, während Letztere in dem Sinne »subjektiv« ist, dass sie von individuellen Interpretationen dieser Beziehung abhängig ist. Wenn also von Lügen als von einer Beziehungs*definition* die Rede ist, so ist diese Beziehungsdefinition zu unterscheiden von der *Interpretation* oder *Auffassung* der Beziehung durch den Lügenden. Das eine ist es, durch Handlungen eine Beziehung zu definieren. Lügen definieren als soziale Handlungen eine Beziehung als Gegnerschaft, was auch immer der Lügner darüber sagt. Etwas anderes ist es aber, diese Beziehung auf eine bestimmte Weise zu interpretieren oder aufzufassen. Was der Lügner über sein Lügen sagt, ist irrelevant dafür, wie er die Beziehung durch das Lügen definiert, aber möglicherweise nicht irrelevant dafür, wie er die Beziehung auffasst. Die Rechtfertigungsrede des Lügners muss uns also nicht interessieren, wenn wir wissen wollen, wie Lügen Beziehungen definieren, wohl aber, wenn wir wissen wollen, wie der Lügner die Beziehung auffasst.

Natürlich wird es, wie in Abschnitt 3 ausgeführt wurde, häufig so sein, dass ein Lügner, der eine Beziehung durch das Lügen als Gegnerschaft *definiert*, sie auch als Gegnerschaft *auffasst*, und es wird zudem häufig so sein, dass er sie als Gegnerschaft definiert, *weil* er sie als Gegnerschaft auffasst (so wie die Machthaber des südafrikanischen Apartheidsregimes die Beziehung zu Nelson Mandela durch ihr Handeln als Gegnerschaft definierten, *weil* sie sie als Gegnerschaft auffassten). Aber es muss nicht so sein. Es ist, mit anderen Worten, zu unterscheiden zwischen den folgenden beiden Aussagen:

(1) Wenn A den B belügt, definiert er die Beziehung zu B als Beziehung der Gegnerschaft.
(2) Wenn A den B belügt, fasst er die Beziehung zu B als eine Beziehung der Gegnerschaft auf.

(1) kann wahr sein – und ich hatte für die These argumentiert, dass es wahr ist –, ohne dass (2) wahr ist. Jemand kann eine Beziehung auf eine andere Weise auffassen, als er sie definiert.

Die Differenz zwischen dem Definieren und dem Auffassen einer Beziehung geht mit der Möglichkeit einher, dass jemand, der lügt, sein eigenes Verhalten als einer Beziehung unangemessen empfinden kann, weil er die Beziehung zwar durch sein Handeln als Gegnerschaft definiert, aber nicht so auffasst. Mit dem Hinweis auf diese Differenz lässt sich also das Missverständnis abwehren, dass einer »Angemessenheitstheorie« der Lüge zufolge *alle* Lügen als angemessen eingestuft werden müssten, eben weil dieser Theorie zufolge Lügen Beziehungen als Gegnerschaften definierten, so dass sie damit »Fakten schaffen«, also eine Beziehung zur Gegnerschaft machen würden und die Definition der Beziehung als Gegnerschaft dann auch angemessen sei. Dies ist nicht der Fall, denn man kann durch sein Handeln eine Beziehung als Gegnerschaft definieren, die man nicht als Gegnerschaft auffasst. Man kann beschämt feststellen, dass man eine Beziehung, die man als kooperative auffasst, durch Lügen sozial als Gegnerschaft definiert hat und sein eigenes Tun daher als der Beziehungsstruktur unangemessen empfinden. Dass der Lügende die Beziehung als Gegnerschaft definiert, bedeutet also nicht, dass er dies als seinem eigenen Beziehungsverständnis angemessen auffassen muss. Das Unwohlsein, das wir häufig empfinden, wenn wir lügen, kann man – ohne dafür die Kategorie des moralischen Gewissens in Anspruch nehmen zu müssen – als Empfindung einer kognitiven Dissonanz verstehen, die bei einer Gegenläufigkeit von Definition und Auffassung einer Beziehung durch den Lügenden entsteht.

Eine Möglichkeit, diese kognitive Dissonanz aufzulösen, besteht darin, dass der Lügende sich dazu bringt, das, was er tut, wenn er lügt, nicht als Lüge zu sehen. Er wird es dann unter eine Beschreibung stellen, die nicht der Definition der Beziehung als Gegnerschaft entspricht, sondern die die Beziehung als eine nicht-gegnerschaftliche repräsentiert, etwa als eine Beziehung der Fürsorge, in der dem Gegenüber »eine belastende Information erspart wird« oder das Gegenüber »geschont« wird. Es liegt dann eine *Selbsttäuschung* des Lügners über das, was er tut, vor. Nach einem plausiblen Explikationsvorschlag der Philosophin Kathi Beier liegt eine Selbsttäuschung vor, wenn die folgenden vier Bedingungen erfüllt sind: (1) Jemand hält an einer Überzeugung fest, obwohl er weiß oder ahnt oder Hinweise darauf hat, dass sie falsch ist. (2) Die Überzeugung, an der die sich selbst täuschende Person festhält, ist tatsächlich falsch. (3) Nicht die Umstände verstellen den Blick auf die Wahrheit, sondern der Selbsttäuscher selbst tut es. (4) Die Akzeptanz der Wahrheit würde den Selbsttäuscher belasten, für den es in der Selbsttäuschung um etwas Bedeutsames geht.[74] Im Falle von Lügen sind häufig alle vier Bedingungen erfüllt, so dass der Lügner sich selbst darüber täuscht, dass er lügt, indem er an der Überzeugung festhält, er lüge nicht: Er hält an dieser Überzeugung fest, obwohl er (zumindest) ahnt, dass er lügt (1). Die Überzeugung, an der er festhält, ist falsch – denn er lügt (2). Es sind nicht die Umstände, die ihm den Blick darauf verstellen, sondern er selbst (3).

Die Akzeptanz der Wahrheit, dass er lügt, würde ihn belasten, da es für ihn in der Selbsttäuschung um etwas Bedeutsames geht (4).

Dieses »Bedeutsame«, von dem in der vierten Bedingung die Rede ist, lässt sich noch genauer bestimmen: Wir stehen auch uns selbst gegenüber nicht gerne als Lügner da, denn Lügen sind im Allgemeinen schlecht beleumundet. Es ist kein Kompliment, jemanden einen Lügner zu nennen. Im Allgemeinen wollen wir nicht nur von den Vorteilen des Lügens profitieren, sondern uns zudem zur Aufrechterhaltung eines positiven Selbstbildes moralische Makellosigkeit attestieren können. Das können wir bewerkstelligen, indem wir lügen und uns glauben machen, dass das, was wir tun, etwas anderes ist als Lügen. Die Tendenz des Lügners dazu, sich glauben zu machen, dass das, was er tut, kein Lügen sei, wird dabei im Allgemeinen in dem Ausmaß zunehmen, in dem es um Wichtiges, Existenzielles geht und das eigene positive Selbstbild durch ein Eingeständnis der eigenen Lüge entsprechend gefährdet ist. Das Eingeständnis, dass ich gestern, um meine Ungeschicklichkeit zu verdecken, mit der Äußerung »Den Kaffeefleck habe ich nicht auf die Tischdecke gemacht, der war schon da!« gelogen habe wie ein Kind, wird man mir eher entlocken als das Eingeständnis, dass meine gesamte Existenz auf der Lebenslüge beruhte, das Format zum kompetenten Wissenschaftler zu haben oder dass ich mein Leben lang meiner Partnerin vorgelogen habe, an anderem als an ihrem Geld oder ihrer Tauglichkeit, meine Karriere zu fördern, Interesse zu haben. Gerade in Nahbeziehungen, in denen für beide Seiten viel auf dem Spiel steht, werden wir dazu neigen, uns unsere Lügen nicht eingestehen zu wollen, sondern uns glauben zu machen, dass wir nicht lügen würden.

Lügen *können* mit einer solchen Selbsttäuschung einhergehen, und sie tun es häufig. Sie *müssen* es aber nicht. Wir können hier zwischen zwei Typen des Lügners unterscheiden: zwischen demjenigen, der das, was er tut, auch als Lügen und als Agieren im Rahmen einer gegnerschaftlichen Beziehung auffasst, und demjenigen, der dies nicht tut. Der erste Typus ist in Extremform – wenn er nicht nur kontextspezifisch und »lokal begrenzt« und zur Durchsetzung vergleichsweise trivialer Ziele lügt – der Typus des *Intriganten*. Er lügt, und er weiß genau, was er tut und warum er es tut. Shakespeare hat ihn meisterhaft in Iago in *Othello* und in der

Titelfigur in *Richard III* dargestellt. Iago fasst das, was er tut, als das auf, was es ist: als Lügen und Täuschen, als Versuch, andere auszutricksen und eigene Interessen durchzusetzen. Er intrigiert gegen Othello. Er täuscht dabei andere, aber nicht sich selbst über das, was er tut. Der andere Typus des Lügners ist derjenige, der, obwohl er lügt, sein Handeln nicht als Lügen, und, damit einhergehend, die Beziehung zum Belogenen nicht als Beziehung der Gegnerschaft *auffasst*, obwohl er sie durch seine Lügen als solche *definiert*. Er wird das, was er tut, wenn er lügt, unter Beschreibungen stellen, die entweder neutral sind (»meine Interessen verfolgen«, »mich selbst verwirklichen«) oder sogar geeignet sind, ihn in einem positiven Licht erscheinen zu lassen, so wie sich erfolgreiche Lügner gelegentlich damit brüsten, »Phantasie« zu haben. Er ist kein Intrigant. Er sieht das, was er tut, nicht als Lügen. Er glaubt, etwas anderes zu tun, als zu lügen.

Leicht zu übersehen, aber wichtig ist nun Folgendes: In der (verfehlten) Selbstinterpretation dessen, was er tut, kann der Lügner völlig aufrichtig sein. Daraus, dass jemand unaufrichtig ist, wenn er lügt, folgt also nicht, dass er unaufrichtig sei, wenn er das, was er tut, wenn er lügt, nicht als Lügen auffasst. Wir neigen dazu zu glauben, jemand müsse, weil er uns belogen habe, also unaufrichtig uns gegenüber war, auch unaufrichtig sein, wenn er glaube, nicht gelogen zu haben. Das ist aber ein Fehlschluss. Auf der Ebene der Interpretation dessen, was er tut, kann der Lügende durchaus aufrichtig sein, wenn er das, was er tut, nicht als Lügen auffasst, mag er sonst auch noch so verlogen sein. Würde nicht der Ausdruck »aufrichtiges Lügen« die Gefahr von etlichen Missverständnissen nach sich ziehen, wäre er hier angebracht: Noch der notorischste Lügner kann sich selbst *aufrichtig* als aufrichtigen Menschen auffassen, auch wenn er es nicht ist.[75] Das erste Vorkommnis von »aufrichtig« im vorhergehenden Satz ist adverbial und auf das Verb »auffassen« bezogen, das zweite ist attributiv als inhaltliche Bestimmung von »Mensch«, und darum ist dieser Satz nicht widersprüchlich: Ein unaufrichtiger Mensch – ein Lügner – kann sich aufrichtig (wenngleich fälschlich) als aufrichtigen Menschen auffassen, weil er auch sich selbst erfolgreich belogen haben und in Folge dessen zu dem Glauben gelangt sein kann, er sei kein Lügner. Und bekanntlich belügt man niemanden besser und bereitwilliger als sich selbst.

Dass jemand, der die »Kunst des Lügens« anderen gegenüber gut beherrscht, sie auch sich selbst gegenüber gut zu praktizieren versteht, wenn es um die Aufrechterhaltung eines positiven Selbstbildes geht, und zu der aufrichtigen Überzeugung gelangt, er lüge nicht, wenn er lügt, sollte daher nicht überraschen. Man kann »in aller Unschuld lügen«, also lügen und *völlig aufrichtig* sich selbst als jemand anderen sehen denn als einen Lügner.

Das Gegenüber des Lügners sieht sich dann vor die Frage gestellt, wie es der anderen Person begegnen soll: ob als Lügner, was sie ja ist, oder als Person, die sich aufrichtig nicht für einen Lügner hält. Entscheidet er sich für das erste, wird er vielleicht versuchen, den Lügner zur Rede zu stellen und ihm seine Lügen vorzuhalten und dafür Rechenschaft zu verlangen. Die Wahrscheinlichkeit, dass dies zum gewünschten Erfolg führt, ist gering. Jemandem, der »in aller Unschuld lügt«, seine Lügen vorhalten, darüber auch nur in ein Gespräch mit ihm kommen zu wollen, ist im Allgemeinen ein vergebliches Unterfangen, denn er sieht sich ja, und zwar *ganz aufrichtig*, nicht als Lügner. Vorhaltungen, er habe gelogen, werden daher Verwunderung und Unverständnis auf Seiten des Lügners hervorrufen, vielleicht gefolgt von einem aggressiven Gegenangriff, in dem sich der Lügende gegen die absurden Unterstellungen und Zuschreibungen der anderen Seite verwahrt und in die Rolle des Opfers ungerechtfertigter Verleumdungen zu bringen weiß. Da der Versuch, mit dem Lügenden über seine Lügen zu sprechen, vergebliche Liebesmüh ist, weil der »in aller Unschuld Lügende« – aus seiner Perspektive verständlicherweise – hier nichts sehen wird, *worüber* zu sprechen ist, mag der Belogene erwägen, die zweite der oben genannten Optionen zu wählen. Er kann dem Lügenden als jemandem gegenübertreten, der sich aufrichtig nicht als Lügner sieht. Er wird sich dann zu einem Perspektivenwechsel auf den anderen zwingen und sich eingestehen: »*In gewisser Hinsicht* ist er aufrichtig. Er ist nicht wie Iago ein Intrigant, der weiß, dass er lügt. Er glaubt tatsächlich, dass das, was er tut, etwas anderes ist als Lügen. Und er sieht die Beziehung zu mir nicht als Gegnerschaft, wenngleich er sie durch seine Handlungen als eine solche definiert. Also warum sollte ich ihm seine Lügen übelnehmen?«. Diese Haltung kann man herablassend finden. Sie ist auch herablassend. Sie ist mit dem Preis erkauft, den anderen nicht mehr ernst zu nehmen, ihn wie ein Kind zu behandeln, dem die Einsicht in die Bedeutung des eigenen Tuns fehlt. Aber lebenspraktisch ist sie vielleicht nicht die schlechteste Wahl. Man wird dann anerkennen, dass jemand das, was er tut, wenn er lügt, aufrichtig als etwas anderes auffasst als Lügen, ohne damit einen Deut von der Einsicht abzuweichen, dass er lügt.

VI

TÄUSCHUNG OHNE LÜGEN

War bisher von Lügen die Rede, also von (gegenüber dem Adressaten der Äußerung zum Zeitpunkt der Lüge) verdeckten Sprechakten, mit denen man jemanden etwas glauben zu machen versucht, was man selbst für irrig hält, mit denen man also auf eine Täuschung abzielt, ist im Folgenden von Täuschungen die Rede, die keine Lügen sind, genauer: die nicht auf Lügen zurückzuführen sind.

1. Täuschen, verschweigen, irreführen

Offensichtlich kann man darauf abzielen, jemanden zu täuschen, ohne zu lügen. Man kann dies z. B. nonverbal tun. Vertritt man z. B. jemandem gegenüber eine Ansicht im Brustton der Überzeugung und gibt durch feste Stimme, betont selbstsicheres Auftreten und einen autoritären Habitus zu verstehen, dass man sich seiner Sache sehr sicher sei, obwohl man dies nicht ist, versucht man, jemanden glauben zu machen, dass man sich der eigenen Sache sicher sei, obwohl dies nicht der Fall ist. Man blufft. Man führt jemanden in die Irre oder versucht es zumindest. Man zielt auf einen Zustand der Täuschung ab. Aber man lügt nicht, denn man gibt das, was man für falsch hält, zwar durch sein Verhalten zu verstehen, ohne aber zu behaupten oder auf andere Weise verbal kundzutun, dass es so sei.

Auch verbal kann man auf einen Zustand der Täuschung im Gegenüber abzielen, ohne zu lügen. Man kann jemandem z. B. etwas, was man selbst für falsch hält, *andeuten* oder es *insinuieren* oder es ihm *zu verstehen geben*, ohne es lügenhaft zu behaupten. Eine, wenngleich nicht die einzige Methode, jemandem etwas zu verstehen zu geben, was man selbst für falsch hält, besteht darin, jemandem etwas zu *verschweigen* und dieses Verschweigen durch das eigene Gesprächsverhalten so zu »rahmen«, also mit Äußerungen zu flankieren, dass der andere glauben wird, dass das, was nicht der Fall ist, der Fall ist. Angenommen z. B., Paul trifft Anna zwecks Kaffeetrinken und Spaziergang. Die Lage ist kritisch; man könnte sich näher kommen. Anna ist offensichtlich an Pauls gegenwärtigem Beziehungsstatus interessiert und Paul hat Grund zu der Annahme, dass Anna ihr weiteres Verhalten von seinem Beziehungsstatus abhängig macht. Im Laufe des Nachmittags berichtet Paul ausgiebig, freimütig und wahrheitsgemäß von seinen früheren Beziehungen zu Lena, Lisa und Lara. Er verschweigt Anna allerdings, dass er schon seit 10 Jahren mit Louisa verheiratet ist. Durch dieses Verschweigen belügt er sie *nicht*. Auch sonst tut er es nicht, denn alles, was er sagt, ist wahrheitsgemäß. Aber er täuscht sie durch das Verschweigen, und es wäre natürlich und naheliegend, wenn sie ihm später vorhielte, sie getäuscht zu haben, wenngleich sie kein Recht hätte, ihm vorzuhalten, dass er sie belogen hätte. Denn er hat nicht behauptet, dass er *nicht* verheiratet sei. Er hat nur nicht gesagt, dass er es ist.

Was in solchen Fällen von Täuschungen geschieht, lässt sich am besten unter Rückgriff auf die von Paul Grice entwickelte Theorie der Implikaturen beschreiben.[76] Bekanntlich bezeichnet Grice mit dem Ausdruck »Implikatur« das in einer Äußerung zwar nicht explizit Gesagte, aber Angedeutete, Gemeinte, zu verstehen Gegebene. Implikaturen können konventional oder konversational sein. Im ersten Fall werden sie durch die Bedeutung bestimmter Wörter zu verstehen gegeben, so wie in »Du bist doch eigentlich ein liebenswerter Mensch« durch die Bedeutung von »eigentlich« zu verstehen gegeben wird, dass die Person sich nicht wie ein liebenswerter Mensch verhalten hat. Für das Folgende sind nicht konventionale, sondern konversationale Implikaturen relevant. Diese beziehen sich auf Implikaturen in kommunikativen Handlungen. Grice nimmt an, dass Kommunikation normalerweise von einem *Kooperationsprinzip* geleitet ist, d. h. dass die Kommunikationspartner einen gemeinsamen Zweck, den der Verständigung, verfolgen. Die Beachtung dieses Kooperationsprinzips wird von allen Teilnehmenden erwartet und gegenseitig unterstellt. Dieses allgemeine Kooperationsprinzip beinhaltet verschiedene spezifischere Postulate, die *Konversationsmaximen*, die Grice aus (an Kant orientierten) Kategorien, nämlich den Kategorien der Quantität, Qualität,

Relation und Modalität ableitet. Die Kategorie der Quantität fordert, den Beitrag so informativ wie für die gegebenen Zwecke nötig zu machen und nicht informativer. Die Kategorie der Qualität fordert – unter der Obermaxime »Versuche Deinen Beitrag so zu machen, dass er wahr ist« –, nichts zu sagen, was man für falsch hält, und nichts zu sagen, wofür angemessene Gründe fehlen. Die Kategorie der Relation fordert, für den jeweiligen Gesprächszweck Relevantes zu sagen. Die Kategorie der Modalität schließlich verlangt unter der Obermaxime »Sei klar!« die Vermeidung von Dunkelheit des Ausdrucks und von Mehrdeutigkeiten sowie die Vermeidung unnötiger Weitschweifigkeit und ein Vorgehen »der Reihe nach«.

Implikaturen werden nach Grice in der Weise ermittelt, dass *scheinbare* Verstöße gegen das Kooperationsprinzip mit diesem Prinzip in Einklang gebracht werden. Jemand sagt etwas, was gegen das Kooperationsprinzip zu verstoßen scheint; man nimmt aber an, dass er sich an das Kooperationsprinzip hält, und gelangt so zur Ermittlung des von ihm zwar nicht explizit Gesagten, aber Implikierten, also Gemeinten und »zu verstehen Gegebenen«. Antwortet z. B. jemand auf meine Frage: »Wie spät ist es?« mit: »Der Vortrag hat gerade angefangen!«, verstößt er prima facie gegen die Maxime, für den Gesprächszweck Relevantes zu sagen, denn strenggenommen antwortet er nicht auf meine Frage. Nehme ich aber an, dass er das Kooperationsprinzip einhalten will und unterstelle ein gemeinsames Wissen darüber, dass der Vortrag um 18 Uhr beginnt, kann ich das von ihm nicht Gesagte, aber Gemeinte, die Implikatur, ermitteln: »Es ist kurz nach 18 Uhr«. Bin ich aufgefordert, über die Ergebnisse eines dienstlichen Gespräches mit B zu berichten, und lasse in den Bericht einfließen, B habe sich bei der letzten Dienstbesprechung »als großer Genießer von Weißwein gezeigt«, verstoße ich prima facie gegen die Konversationsmaxime, meinen Beitrag nicht informativer als nötig zu machen, denn die Information über Bs Trinkverhalten ist für den Bericht über die Ergebnisse des Gesprächs überflüssig; nimmt man aber an, dass ich das Kooperationsprinzip einhalte, kann man dieser »überflüssigen« Information das Gemeinte entnehmen: dass B unter dem Einfluss von Alkohol gesprochen hat und seine Aussagen vermutlich nicht sehr zuverlässig waren. Sage ich ironisch: »Das war der mit Abstand beste Urlaub meines Lebens«, obwohl ich das für falsch halte, verstoße ich gegen die Maxime der Qualität, da ich es für falsch halte; nimmt man aber an, dass ich diese Maxime beachten will, und weiß man, dass im Urlaub einiges schiefging, wird man meine Äußerung als ironisch identifizieren und das Gemeinte ermitteln können: Es war ein verkorkster Urlaub. Werde ich nach dem Vortrag von Professor X nach meiner Meinung darüber gefragt und antworte süffisant: »Blendend!«, verwende ich einen mehrdeutigen Ausdruck, denn die Antwort kann bedeuten, dass der Vortrag »blendend« im Sinne von »großartig« war, aber auch, dass X ein Blender ist. Ich verstoße prima facie gegen die Forderung »Sei klar!«. Nimmt man an, dass ich diese Forderung beachte und Mehrdeutigkeit vermeiden will, und nimmt man an, dass ich, wenn ich den Vortrag hätte loben wollen, dies auch ohne Mehrdeutigkeit hätte tun können und getan hätte, wird man zur Ermittlung des von mir Gemeinten gelangen: dass ich Professor X für einen Blender halte.

Wenn nun Paul in dem oben genannten Beispiel bei gleichzeitiger Redseligkeit über seine früheren Beziehungen durch Verschweigen der Information, dass er seit 10 Jahren mit Louisa verheiratet ist, Anna täuscht, ohne sie zu belügen, geschieht Folgendes: Es liegt nicht nur scheinbar, sondern *tatsächlich* ein Verstoß gegen das Kooperationsprinzip vor. Der Sprecher lässt sein Gegenüber aber in dem Glauben, dass dieser Verstoß nicht vorliege. Er lässt sein Gegenüber in falsche Implikaturen laufen. Er führt es irre, indem er es falsche Implikaturen ermitteln lässt, es also dazu veranlasst, seine Äußerungen als Äußerungen in Übereinstimmung mit dem Kooperationsprinzip zu interpretieren, obwohl er das Kooperationsprinzip nicht einhält.

Etwas genauer: Von den vier genannten Maximen liegt im genannten Beispiel *kein* Verstoß gegen das von der Kategorie der Qualität Geforderte vor, denn was Paul über seine früheren Beziehungen zu Lena, Lisa und Lara sagt, sagt er wahrheitsgemäß. Er lügt nicht. Er versucht, seine Beiträge so zu machen, dass sie wahr sind. Es kann auch der Einfachheit halber angenommen werden, dass kein Verstoß gegen das von der Kategorie der Modalität Geforderte vorliegt und Paul sich nicht in Mehrdeutigkeiten und Weitschweifigkeiten ergeht. Wohl aber liegt ein Verstoß gegen das von der Kategorie der Quantität Geforderte und, damit zusammenhängend, gegen das von der Kategorie der Relation Geforderte vor. Die

Kategorie der Quantität fordert (a) den eigenen Beitrag für die Erreichung des Zieles der Kommunikation so informativ wie nötig zu machen, und (b) ihn nicht informativer zu machen. Untermaxime (b) hält Paul zweifellos ein, (a) aber nicht. Denn wenn das Gespräch darauf abzielt, dass die daran Beteiligten sich gegenseitig – sei es explizit, sei es per Implikatur, also andeutend – darüber informieren, in welchem Beziehungsstatus sie gerade sind, dann macht er, indem er über seine vorhergehenden Beziehungen zu Lena, Lisa und Lara berichtet, seinen Beitrag nicht so informativ wie nötig; um dies zu tun, müsste er auch sagen, dass er seit 10 Jahren mit Louisa verheiratet ist.

Damit zusammenhängend liegt ein Verstoß gegen die Maxime vor, die fordert, Relevantes zu sagen. Hier ist allerdings eine Doppeldeutigkeit zu beachten, denn die Maxime »Sage Relevantes!« kann bedeuten:

(i) Das, was du sagst, soll relevant (für die Erreichung des Gesprächszweckes) sein!,

aber auch

(ii) Das, was (für die Erreichung des Gesprächszweckes) relevant ist, sollst Du sagen!

Gegen (i) verstößt der Sprecher im genannten Beispiel zumindest nicht notwendig, denn das über Lena, Lisa und Lara Mitgeteilte kann durchaus relevant für sein Gegenüber sein, und er sagt es wahrheitsgemäß. Aber er verstößt gegen (ii), denn für die Erreichung des Gesprächszweckes, darüber zu informieren, in welchem Beziehungsstatus er gerade ist, ist es zweifellos *auch* relevant, dass er mit Louisa verheiratet ist. Interpretiert man also die Maxime »Sage Relevantes!« im Sinne von (ii), verstößt der Sprecher eindeutig gegen sie, wenn er dies verschweigt. Er lässt aber das Gegenüber in dem Glauben, dass er nur *scheinbar* gegen diese Maxime verstößt. Das Gegenüber wird glauben: »Wenn er mir so ausführlich über Lena, Lisa und Lara berichtet (was er gar nicht tun müsste), würde er mir ja auch sagen, wenn er verheiratet wäre, denn das wäre für mich *mindestens* genauso relevant wie die Informationen über Lena, Lisa und Lara. Er sagt es mir aber nicht. Da ich annehme, dass er das Kooperationsprinzip beachtet, also mir Relevantes mitteilen will, kann ich aus der Tatsache, dass er es mir nicht sagt, als Implikatur erschließen, dass er nicht verheiratet ist.« Es liegt ein tatsächlicher Verstoß gegen das Kooperationsprinzip vor, aber eine Äußerung wird mit dem Kooperationsprinzip in Einklang gebracht, so dass jemand, ohne belogen worden zu sein, zu einem Glauben gelangt, von dem der andere weiß, dass es ein Irrglauben ist.

Man kann gegen diese Beschreibung einwenden, dass ihr eine falsche (oder zumindest einfach dogmatisch gesetzte) Bestimmung des Gesprächszwecks zugrunde liegt. Wieso sollte der Gesprächszweck darin liegen, das Gegenüber über den momentanen Beziehungsstatus zu informieren? Selbst wenn eine Seite dies so auffasst, muss die andere Seite es nicht tun. Dass Anna an Pauls gegenwärtigem Beziehungsstatus interessiert ist, ist für Paul nicht per se ein Grund, ihn preiszugeben oder sich dazu verpflichtet zu fühlen. Dies ist selbst dann der Fall, wenn Paul einen starken Grund für die Annahme hat, dass Anna an seinem Beziehungsstatus interessiert ist und ihr weiteres Verhalten ihm gegenüber davon abhängig machen wird. Das ist, könnte man sagen, ihr Problem, nicht seines. Selbst wenn sie das Gespräch so auffasst, dass es (auch) darauf abzielt, sich über den momentanen Beziehungsstatus in Kenntnis zu setzen, kann er es doch so auffassen, dass sein Zweck ist, das Gegenüber über die eigenen *früheren* Beziehungen zu informieren, Punkt. Und *diesen* Zweck erreicht er, indem er das sagt, was er sagt. Mehr muss er *dazu* nicht sagen.

Dieser Einwand ist im Wesentlichen zutreffend. Allerdings: Sofern Paul weiß oder begründet annehmen kann, dass Anna den Zweck des Gesprächs (auch) darin sieht, sich gegenseitig über den momentanen Beziehungsstatus zu informieren, ist der Zweck, das Gegenüber über frühere Beziehungen zu informieren (und sonst nichts), eben *sein* Gesprächszweck, nicht *ihrer.* Beide verfolgen dann keinen *gemeinsamen* Gesprächszweck. Das Kooperationsprinzip »tritt« dann gleichsam »nicht in Kraft«. In diesem Fall ist die korrekte Beschreibung der Situation also: Das Kooperationsprinzip ist nicht durch Verschweigen und Vorenthalten einer Information *verletzt* worden, sondern es ist ab initio gar nicht zur Anwendung gekommen. Und tatsächlich ließe sich in diesem Fall nicht von einer Täuschung sprechen, sondern von einem Missverständnis in Bezug auf den Gesprächszweck, das man später als solches benennen könnte. Nicht selten ist diese Berufung auf Missverständnisse in Bezug auf Kommunikationszwecke (»Ich wollte Dir nur über meine früheren Beziehungen berichten – ich konnte ja nicht ahnen, dass Du *auch* daran interessiert bist, dass ich verheiratet bin!«) allerdings eine Ausrede, um eine Täuschung zu verdecken. Häufig wissen wir recht gut, worum es dem anderen im Gespräch geht, und wir wissen sehr genau, dass wir ein Grice'sches Kooperationsprinzip verletzen, indem wir ihm etwas verschweigen, was für ihn relevant ist. Und auch wenn Paul zu Recht von sich behaupten kann, dass er Anna »keine Rechenschaft« über seinen Beziehungsstatus schuldig ist, kann er unter normalen Umständen nicht behaupten, dass er nicht wisse, dass Anna einen anderen Gesprächszweck verfolgt als er. Er kann also nicht abstreiten, dass er das Kooperationsprinzip gar nicht in Kraft treten lässt.

Durch die Vorenthaltung einer Information zu täuschen, ohne zu lügen, heißt also, jemanden in Implikaturen laufen zu lassen, die es nicht gibt. Es heißt, den anderen im Glauben zu belassen, dass man das Kooperationsprinzip beachte und es nur *scheinbar* verletze, es aber nicht nur scheinbar, sondern tatsächlich zu verletzen.

2. Strategisches Handeln

Die Beschreibung des Täuschens ohne Lügen unter Rückgriff auf Grice' Theorie der Implikaturen und das Kooperationsprinzip macht deutlich: Auch Täuschen ohne Lügen, etwa durch Verschweigen einer relevanten Information, definiert eine Beziehung als Gegnerschaft. Der lügend Täuschende definiert eine Beziehung als Gegnerschaft, weil er versucht, das Gegenüber an der Erreichung dessen, was es will, zu hindern. Der nicht lügend Täuschende tut es auch, denn auch er versucht, das Gegenüber an der Erreichung dessen, was es will, zu hindern – nämlich an der Erreichung eines bestimmten Gesprächszweckes. Wenn Paul zu Anna sagt: »Ich bin nicht verheiratet«, belügt er sie und hindert sie an der Erreichung ihres Zieles, eine wahrheitsgemäße Information über seinen momentanen Beziehungsstatus zu erlangen. Wenn er ihr verschweigt, dass er verheiratet ist, belügt er sie nicht, aber er hindert sie ebenfalls an der Erreichung ihres Ziels, eine wahrheitsgemäße Information über seinen momentanen Beziehungsstatus zu erlangen, und er ruft ebenfalls in ihr eine falsche Überzeugung hervor, nämlich diejenige, dass er nicht verheiratet sei. Der Unterschied liegt einzig darin, dass Paul es im ersten Fall als Lügner selbst übernimmt, diese Überzeugung durch seine Lüge hervorzurufen, während er es im zweiten Fall an Anna delegiert. Im zweiten Fall tritt Paul in der Kausalkette, die zur Entstehung der falschen Überzeugung führt, gleichsam einen Schritt zurück, indem er es Anna überlässt, »den letzten Schritt« auf dem Weg zur Entstehung dieser falschen Überzeugung zu gehen, indem sie daraus, dass Paul ihr etwas nicht gesagt hat, schließt, dass es auch nicht der Fall sei, weil sie unter Anwendung des Kooperationsprinzips annimmt, dass er es ihr ansonsten gesagt hätte.

Es wird hier deutlich, wie gering der Unterschied zwischen lügendem und nicht lügendem Täuschen ist. Dies geht auch aus Folgendem hervor: Auch Lügen lassen sich unter Rückgriff auf Grice' Theorie der Implikaturen so beschreiben, dass der Lügner gegen eine Kooperationsmaxime verstößt und den Belogenen in eine Implikatur laufen lässt, indem er ihn glauben lässt, dass er *nicht* gegen diese Kooperationsmaxime verstoße. Nur verstößt der Lügende gegen eine *andere* Kooperationsmaxime als der nicht lügend Täuschende, nämlich gegen die aus der Kategorie der Qualität abgeleitete, die fordert, nur das zu sagen, was man für wahr hält. Die Differenz zwischen lügendem und nicht lügendem Täuschen besteht also einzig zwischen den jeweiligen Kooperationsmaximen, gegen die man verstößt. Der nicht lügend Täuschende verstößt, anders als der Lügende, *nicht* gegen die Kooperationsmaxime, die sich aus der Kategorie der Qualität ableitet, sondern gegen andere Kooperationsmaximen. Das ist – im Wesentlichen – der ganze Unterschied.

Auch derjenige Verstoß gegen eine Kooperationsmaxime, der für den nicht lügend Täuschenden kennzeichnend ist, definiert also eine Beziehung als Gegnerschaft. Dies illustriert auch ein bekanntes Beispiel für ein Täuschen ohne Lügen: Als der von den Soldaten des Kaisers Julian verfolgte Athanasios von seinen Verfolgern, die ihn nicht als Athanasios erkannten, gefragt wurde, wo sich Athanasios befinde, antwortete er: »Nicht weit von hier«[77], womit er nicht log, sondern Wahres und von ihm für wahr Gehaltenes sagte, aber, da er seine Verfolger in die Implikatur laufen ließ, er sei nicht Athanasios, nicht-lügend täuschte. Es ist klar, dass er sich damit genauso in eine Beziehung der Gegnerschaft zu den Verfolgern setzte, wie er es mit Lügen getan hätte. Er trickste sie aus, führte sie in die Irre.

Häufig agieren wir auf diese Weise, lügen also nicht, sondern täuschen auf andere Weise, wenn wir jemanden in die Irre führen wollen. Wenn es jemandem, aus welchen Gründen auch immer, wichtig ist, nicht zu lügen – etwa, weil Lügen in einem schlechten moralischen Ruf stehen und er sich selbst moralische Makellosigkeit attestieren können will –, kann er sich bei entsprechender Gewitztheit im Allgemeinen auf ein Täuschen ohne Lügen verlagern. Mit einigem rhetorischen Geschick und sofern wir nicht von der Situation überrumpelt werden, können wir meist Lügen vermeiden und jemanden durch ausweichende Antworten, also Vermeiden von relevanten Informationen, oder durch Mitteilen von Informationen, die ihn zu falschen Implikaturen gelangen lassen, täuschen. An der grundsätzlichen Ähnlichkeit von lügendem und nicht lügendem Täuschen ändert das aber nichts, und häufig ist man geneigt, Fälle, in denen jemand, um das Lügen zu vermeiden, nicht-lügend täuscht, mit einem achselzuckenden »Wenn Du Dich dann besser fühlst...« zu kommentieren, denn es scheint im Wesentlichen gleichgültig, auf welche Weise jemand gegen das Kooperationsprinzip verstößt, um in jemandem eine Überzeugung hervorzurufen, die er, der Täuschende, für falsch hält.

Diese Ähnlichkeit zwischen lügendem und nicht-lügendem Täuschen lässt sich auch so beschreiben: Ob wir lügend oder nicht-lügend auf Täuschung abzielen, in beiden Fällen handeln wir *strategisch* mit dem Ziel der Durchsetzung eigener Interessen. Wir zielen nicht auf die Erreichung eines gemeinsamen Kommunikationszieles ab, sondern auf die Realisierung eigener Interessen über den Umweg der gesteuerten Interessen des anderen. Die zu realisierenden eigenen Interessen werden dabei im Allgemeinen egoistische Interessen sein, können aber auch, wie das Beispiel Schindlers zeigte, altruistische Interessen sein, die sich auf das Wohl anderer Personen als des Lügenden beziehen. Sowohl im Falle egoistischer als auch im Falle altruistischer durchzusetzender eigener Interessen und sowohl im Falle lügenden als auch im Falle nicht-lügenden Täuschens gilt: Der Täuschende formt die Interessen des Gegenübers und nimmt sie in Dienst, um eigene Interessen zu realisieren. Versichere ich lügenhaft, dass ich das geliehene Geld zurückgeben will, obwohl ich diese Absicht nicht habe, steuere ich die Interessen des Gegenübers so, dass dieses ein Interesse daran hat, mir das Geld – wie das Gegenüber glaubt: zu leihen, de facto aber: – zu geben, damit ich mein Interesse, das Geld zu erhalten, realisieren kann. Schindler steuerte die Interessen der von ihm belogenen SS-Funktionäre so, dass er sein altruistisches Interesse, möglichst viele jüdische Menschen zu retten, durchsetzen konnte. Im oben genannten Beispiel nicht-lügenden Täuschens steuert Paul die Interessen Annas durch Verschweigen seines Verheiratetseins so, dass Anna sich ihm gegenüber so verhält, als sei er unverheiratet, und zwar, weil er auf diese Weise sein Interesse durchsetzen kann, dass sie sich ihm gegenüber so verhält, als sei er unverheiratet. Wer jemandem, ohne ihn zu belügen, verschweigt, dass er eine tödliche Krankheit hat, steuert die Interessen der anderen Person so, dass diese ihre Interessen auf der Grundlage der falschen Annahme ausbildet, sie habe keine tödliche Krankheit, und er tut dies, um das eigene altruistische Interesse daran, die andere Person zu schonen, zu realisieren. All dies sind Formen des strategischen Handelns im Dienste der Durchsetzung eigener Interessen.

In all diesen Fällen – also sowohl im Falle lügenden als auch im Falle nicht-lügenden Täuschens – lässt sich von einer *Instrumentalisierung* des Getäuschten sprechen, d. h. dass der Täuschende den Getäuschten – in der bekannten Formulierung Kants aus der *Grundlegung* – »bloß als Mittel«, nämlich bloß als Mittel zur Realisierung eigener Zwecke, behandelt.[78] Die Einstufung von Handlungen des Täuschens als Instrumentalisierungen, die sich auch auf die altruistischen Täuschungen wie diejenigen Schindlers erstreckt, bedeutet offensichtlich nicht, dass Täuschungen, weil Instrumentalisierungen, »moralisch verboten« seien, denn grundsätzlich kommt ja eine »Angemessenheitstheorie« der Lüge ohne deontisches Vokabular aus. Sie präjudiziert zudem auch keine moralische Bewertung des lügenden oder nicht-lügenden Täuschens, denn dieses Täuschen kann, wie im Falle Schindlers, auf die Durchsetzung eigener altruistischer Interessen abzielen und als solches sowohl eine Instrumentalisierung anderer darstellen als auch moralisch löblich sein. Es kann durchaus moralisch lobenswert sein, jemanden »bloß als Mittel« zu behandeln. Der Ausdruck »Instrumentalisierung« ist also normativ und evaluativ neutral. Er bietet sich hier aber zur Bezeichnung dessen an, was lügendem und nicht-lügendem Täuschen als Formen des strategischen Handelns gemeinsam ist: die Steuerung und Indienstnahme der Interessen anderer zur Durchsetzung eigener Interessen.

Dabei ist Instrumentalisierung im hier erläuterten Sinne von Verdinglichung zu unterscheiden, wenngleich die Ausdrücke »Instrumentalisierung« und »Verdinglichung« häufig synonym verwendet werden. Strategisches Verhalten, mit dem jemand zur Durchsetzung eigener (egoistischer oder altruistischer Interessen) instrumentalisiert wird, besteht gerade *nicht* in der Verdinglichung des anderen. Wer ein Tier grausam behandelt, der verdinglicht es. Er behandelt es als Sache, obwohl es keine ist. Er ignoriert seine Interessen. Sie sind ihm gleichgültig. Aber er steuert seine Interessen nicht. Wer hingegen jemanden, lügend oder nicht-lügend, täuscht, verdinglicht ihn nicht, sondern steuert seine Interessen. Diese Interessen sind ihm keineswegs gleichgültig. Er muss in der Lage sein, diese Interessen empathisch zu identifizieren und korrekt wahrzunehmen, *um* sie steuern zu können (was z. B. manipulative Persönlichkeiten, die häufig sehr empathiefähig sind, durchaus können). Täuschen, ob lügendes oder nicht-lügendes, heißt: Bestimmte Interessen des anderen kreieren, nämlich solche, deren Realisierung der Realisierung der eigenen Interessen dient, und die der andere »nicht wirklich hat«, weil er diese Interessen unter fehlerhaften Annahmen ausgebildet hat und sie nicht ausgebildet hätte, wenn er nicht unter dem Einfluss des täuschenden Verhaltens anderer agiert hätte. Es bedeutet, seine Handlungsfähigkeit als autonome Person zu unterminieren. Ob dies durch lügendes oder nicht-lügendes Täuschen geschieht, ist für die Einstufung seines Handelns als eines auf diese Weise strategischen Handelns gleichgültig.

3. Lügen und Täuschen ohne Lügen – unterschiedliche Bewertungen?

Wie ist der Unterschied zwischen lügendem und nicht-lügendem Täuschen in Bezug auf die evaluative Einstufung der jeweiligen Form des Täuschens einzuschätzen? Es gibt eine verbreitete Intuition, dass nicht-lügendes Täuschen »weniger schlimm« sei als lügendes Täuschen. Jedenfalls sind wir geneigt, uns in der Position des potentiell Täuschenden auf diese Intuition zu berufen und zu meinen, jemanden nicht in den Besitz einer für ihn relevanten Information kommen zu lassen sei weniger schlimm, als ihn aktiv zu belügen, weswegen wir meist zur Durchsetzung unserer Interessen Ersteres gegenüber Letzterem präferieren.

Allerdings steht diese Intuition auf sehr schwachen Füßen. Berufen kann sie sich auf die Annahme einer normativen *Differenz von Tun und Unterlassen*, die zwar tief in unsere Alltagsmoral eingegraben ist, sich aber bei genauerem Hinsehen als schwer zu rechtfertigen erweist.[79] Wer lügt, sagt aktiv – z. B. behauptend – etwas, was er selbst für falsch hält; wer täuscht, ohne zu lügen, tut dies nicht. Aber warum das Vorenthalten einer relevanten Information ceteris paribus weniger schlimm oder moralisch bedenklich oder verwerflich sein sollte als eine mit Täuschungsabsicht vorgebrachte Falschinformation, ist nicht ersichtlich. Warum sollte es weniger schlimm sein, einem Kind die Information vorzuenthalten, dass es durch eine Samenspende gezeugt wurde, und es dadurch im Glauben zu belassen, dass sein sozialer Vater sein genetischer Vater sei, als es aktiv zu belügen und ihm zu sagen, dass sein sozialer Vater auch sein genetischer Vater sei? Warum sollte es angesichts der gleichen Folgen weniger schlimm sein, einem Freund die Information vorzuenthalten, dass seine Partnerin ihn betrügt, als ihm, aktiv lügend, auf Nachfrage zu sagen, dass seine Partnerin ihm treu sei? Warum ist es weniger bedenklich, gemäß der Antiquitätenhändler-Devise »Man darf niemanden belügen, aber man muss niemanden in seinem Fehlurteil korrigieren« einen Geschäftspartner in der falschen Annahme über den Wert eines Objekts nicht zu korrigieren, obwohl man es könnte, als ihn aktiv darüber zu belügen? Die Folgen sind gleich, und sofern nicht schon die normative Relevanz der Tun-Unterlassen-Unterscheidung vorausgesetzt wird, spricht nichts für die Annahme, dass ceteris paribus ein Täuschen ohne Lügen nicht mindestens in gleichem Maße moralisch bedenklich sei wie lügendes Täuschen.

Sicher gibt es Fälle, in denen diese Tun-Unterlassen-Differenz tatsächlich relevant ist und wir sagen würden, dass jemanden nicht zu belügen, aber ihn durch Vorenthaltung einer Information zu täuschen weniger bedenklich ist, als ihn zu belügen. Aber dies sind auch Fälle, in denen die Ceteris-paribus-Bedingung nicht erfüllt ist – etwa, wenn man aufgrund der Umstände ein klar definiertes Recht hat, eine Information vorzuenthalten, aber nicht eines zu lügen. Ich muss der Kollegin, die mich zu einem Vortrag mit anschließendem Abendessen an ihrer Universität einlädt und dabei äußerst freundlich und zuvorkommend behandelt, nicht sagen, dass ich die Person bin, die vor wenigen Wochen ihren DFG-Antrag für eine eigene Stelle in Grund und Boden kritisiert und damit einen Beitrag dazu geleistet hat, dass sie für weitere drei Jahre arbeitslos bleiben wird. Indem ich ihr diese Information vorenthalte, täusche ich sie; ich lasse sie wider besseres Wissen in dem Glauben, dass ich nicht die Person sei, die den Antrag begutachtet hat, denn damit realisiere ich mein egoistisches Interesse, dass sie mich nicht als diese Person erkennt (was ihrer Freundlichkeit mir gegenüber vermutlich abträglich wäre) und mir nicht entsprechend gegenübertritt. Würde sie mich aber, von einem aufkeimenden Verdacht in Bewegung gesetzt, fragen: »Sagen Sie mal – sind Sie der Gutachter für meinen Antrag?«, würde ich mich nicht berechtigt fühlen, ihr mit einem frechen »Nein, wie kommen Sie darauf?« ins Gesicht zu lügen. Aber zum Täuschen ohne Lügen fühle ich mich, wenngleich mit ungutem Gefühl, berechtigt. In diesem Fall gibt mir das anonymisierte Begutachtungsverfahren eindeutig ein Recht zur Vorenthaltung der Information, nicht aber eines zum Lügen. Da die andere Person weiß, dass den Gutachtern diese Vorenthaltungsrechte zukommen, wäre schon die Frage »Sind Sie der Gutachter?« sozial inadäquat, denn wie auch immer man auf sie reagiert, kann man nicht umhin, damit eine, und sei es indirekt, verneinende oder bejahende Antwort zu geben, denn eine Auskunftsverweigerung würde – vermittelt über die bei der Fragestellerin zu unterstellende Annahme »Wenn er nicht der Gutachter wäre, könnte er es mir ja problemlos sagen« – einer bejahenden Antwort zwar nicht gleichkommen, aber könnte und würde doch im Allgemeinen als eine solche aufgefasst werden. Dies ändert aber nichts daran, dass, *wenn* diese Frage gestellt wird, der Gefragte nicht das Recht zur Lüge hat, nur weil er ein Recht hat, die Information vorzuenthalten. Hier legen also bestimmte Verfahrensregeln fest, dass eine Differenz zwischen lügendem und nicht-lügendem Täuschen besteht. Das bedeutet, dass hier die Randbedingungen für lügendes und nicht lügendes Täuschen unterschiedlich sind. Die Normen des Begutachtungsverfahrens erlauben das eine, ohne das andere zu erlauben.

Sofern es aber nicht ein solches ausdrückliches Recht zur Vorenthaltung einer Information gibt, das sich nicht auf das Recht zu lügen erstreckt, gibt es keinen Grund, Täuschen ohne Lügen als moralisch weniger bedenklich einzustufen als Lügen. Oben wurde argumentiert, dass es für die Einstufung des Täuschens als strategisches Handeln »im Wesentlichen gleichgültig« ist, ob wir lügend oder nicht-lügend täuschen. Beide Male handelt es sich um Formen des strategischen Handelns, mit denen die Interessen anderer geformt und zur Durchsetzung eigener Interessen in Dienst genommen werden. Und beide Formen des Täuschens lassen sich mit Rückgriff auf Grice' Theorie der Implikaturen beschreiben. Damit wurde deutlich gemacht: Der nicht-lügend Täuschende kann sich nicht auf die Tatsache, dass er nicht lügt, berufen, um sein Verhalten als *weniger* kritikwürdig als das des lügend Täuschenden einzustufen. Diese These lässt sich aber noch dahingehend verstärken, dass tendenziell Täuschen ohne Lügen ceteris paribus moralisch *bedenklicher* ist als lügendes Täuschen. Das heißt natürlich weder, dass Täuschen ohne Lügen *immer* unangemessen, noch, dass es *immer* moralisch schlecht oder bedenklich sei – wenn Schindler die Nazi-Offiziere, ohne zu lügen, täuschte, war dies genauso angemessen und löblich, wie wenn er sie belog –, aber es heißt, dass Täuschen ohne Lügen *im Vergleich* zum lügenden Täuschen als keinesfalls weniger moralisch bedenklich, sondern vielmehr als bedenklicher als dieses anzusehen ist. Warum ist das der Fall?

Zum einen: Der nicht-lügend Täuschende *stärkt* noch durch die Übermittlung zutreffender, aber irreführender Informationen genau das Vertrauen, das er missbraucht.[80] Er stärkt im Gegenüber die Annahme, dass ein kooperatives Verhältnis vorliegt, um dann genau diese Annahme zu sabotieren. Sage ich meiner Partnerin wahrheitsgemäß, dass ich meine alte Schulfreundin Lisa getroffen und mit ihr eine Tasse Kaffee getrunken habe, verschweige ihr aber, dass ich mit Lisa nicht *nur* eine Tasse Kaffee getrunken, sondern ihr auch auf einer Ebene deutlich geringerer sozialer Distanz begegnet bin, stärke ich durch die wahrheitsgemäße Übermittlung der Information, dass ich mit Lisa Kaffee getrunken habe, ihr Vertrauen darin, dass mein Verhältnis zu Lisa harmloser Natur ist – denn sonst, so wird sie annehmen, hätte ich ihr ja auch andere für sie relevante – und noch viel relevantere – Informationen zukommen lassen. Besonders effektiv kann die Stärkung des missbrauchten Vertrauens sein, wenn ich ihr die Information freiwillig und unaufgefordert, nicht etwa als Reaktion auf eine misstrauische Frage (»Hast Du eigentlich mal wieder Lisa getroffen?«) zukommen lasse, denn mein Verhalten ist dann offensichtlich kein Ausweichverhalten und induziert damit im Gegenüber noch stärker den Glauben, dass nur das, was ich mitteile, das für die andere Person Relevante sei. Wenn kein äußerer Anlass mich nötigt, auf mein Treffen mit Lisa zu sprechen zu kommen, wird die Tatsache, dass ich es dennoch tue, als Indikator dafür gewertet werden, dass ich nichts Relevantes zu verschweigen habe. Die wirkungsvollste Methode, Vertrauen zu missbrauchen, besteht darin, es erst einmal zu stärken. Das tut der nicht-lügend Täuschende wesentlich effektiver als der Lügende.

Zweitens: Täuschen ohne Lügen erfordert eine Intelligenz, die bloßes Lügen nicht erfordert. Es lässt auf ein kalkulierendes und planendes Verhalten in einem Ausmaß schließen, in dem dies beim Lügen häufig nicht der Fall ist. Lügen erfordert, dass man versucht, jemanden etwas glauben zu machen, was man selbst für irrig hält. Das ist (wenngleich Lügen natürlich auch in technischer Hinsicht besser oder schlechter sein können und es dumme und ungeschickte Lügen ebenso wie raffinierte und geschickte gibt) nicht schwer. Täuschen ohne Lügen durch Vorenthaltung von Informationen erfordert deutlich mehr Geschick. Es erfordert, Informationen gekonnt – nicht kompromittierend und nicht auf die nicht mitgeteilte Wahrheit verweisend, aber zum Kommunikationskontext passend – selektiv zu präsentieren, ein Gespür für die Situation und das Gegenüber zu haben und richtig zu antizipieren, welche

Implikaturen des Gesagten das Gegenüber (falsch) ermitteln wird. Dazu gehört Empathiefähigkeit; man muss sich »in den anderen hineinversetzen« können, um ihn in falsche Implikaturen schicken zu können. Iago in Shakespeares *Othello* beherrscht diese Kunst des nicht-lügenden Täuschens perfekt. Indem er wahrheitsgemäß sagt: »Cassio besitzt Desdemonas Taschentuch«, aber verschweigt, dass er selbst es in Cassios Besitz gespielt hat und es daher keineswegs ein Indiz für Desdemonas Untreue ist, schickt er Othello in den Fehlglauben, dass Desdemona ihm untreu sei.[81] Man kann kaum umhin, gegenüber Iagos Täuschungskünsten – zu denen auch seine glaubhaften Versicherungen gegenüber Othello gehören, unmöglich könne das wahr sein, an dessen Wahrheit er Othello glauben lassen will – eine Art von Bewunderung zu empfinden: Wie gut er das macht! Der geschickt ohne Lügen Täuschende braucht Phantasie und Intelligenz. Sein Tun ist keine bloße Reaktion auf eine »soziale Notlage«, kein reflexhaftes Abstreiten der Wahrheit wider besseres Wissen, wie es manchmal bei Lügen der Fall ist. Er muss Sorgfalt aufwenden, um die beabsichtigte Täuschung herbeizuführen. Auch das wirft auf ihn und seinen Charakter ein schlechteres Licht als auf den Lügenden.

Drittens: Wir ziehen Täuschen ohne Lügen dem Lügen häufig vor, um uns (scheinbar) von Verantwortlichkeit entlasten zu können. Wer ohne Lügen täuscht, hat die Option, sich selbstgefällig zu attestieren, dass er den anderen nicht geschädigt habe, da er ja »nur die Wahrheit gesagt« und das Gegenüber, nicht er, daraus die falschen Schlüsse – nämlich dass es sich beim Gesagten um das im jeweiligen Kommunikationskontext einzig Relevante handele – gezogen habe. Da er in der Kausalkette, die zur Entstehung der falschen Überzeugung führt, im Vergleich zum Lügenden um einen Schritt zurücktritt, fällt es ihm leichter, sich von der falschen Überzeugung zu distanzieren und deren Entstehung als ihm nicht zurechenbar anzusehen. Diese Abwehr von Verantwortlichkeit lässt sich gut damit kombinieren, das *Vorenthalten* einer Information als rücksichtsvolles *Ersparen* dieser Information zu präsentieren und sich selbst so als nicht nur für keinen Schaden verantwortlich, sondern sogar tugendhaft, weil rücksichtsvoll, zu inszenieren. Wer seine Partnerin durch Vorenthaltung einer Information, nicht aber Lügen, getäuscht hat, kann in melodramatischer Ergriffenheit ausrufen: »Warum hätte ich es ihr denn sagen sollen? Es hätte sie doch nur verletzt! Ich wollte ihre Gefühle *schonen* und ihr die Information *ersparen*!« – als wäre es keine Option gewesen, *diese* Art der Tugendhaftigkeit dadurch zu praktizieren, dass er auf das, was er getan hat, verzichtet hätte, und als hätte er ihr nicht statt der Wahrheit die Täuschung ersparen können. Auch das wirft ein schlechteres Licht auf den nicht-lügend Täuschenden als auf den Lügenden. Ersterer akzeptiert häufig nicht einmal die Verantwortlichkeit für das, was er tut, nämlich für das bewusste und absichtliche Hervorrufen einer falschen Überzeugung, obwohl er dafür verantwortlich ist. Und vielleicht wird man von ihm denken: Er ist selbst zum Lügen zu feige.

VII

LÜGEN OHNE TÄUSCHEN

Es gibt Täuschungen ohne Lügen. Gibt es auch Lügen ohne Täuschungen?

1. Zustimmung zur Lüge

Natürlich gibt es Lügen ohne Täuschung – jedenfalls wenn man »Täuschung« als Erfolgswort verwendet. Eine Lüge ist mit einer Täuschungs*absicht* verbunden, und Absichten werden manchmal nicht realisiert. Lügen müssen nicht erfolgreich sein; sie können aufgedeckt werden. Entdeckt der Belogene, dass er belogen wird, wird er im Allgemeinen aufhören zu glauben, was der Lügner behauptet – »im Allgemeinen«, denn es kann ja sein, dass der Belogene das Behauptete ohnehin und ganz unabhängig von der Lüge glaubt, und auf das Fortbestehen dieses Glaubens wird die Aufdeckung der Lüge dann keinen Einfluss haben – oder er wird, wenn die Lüge schon »in den Anfängen« scheitert, gar nicht erst anfangen, das lügenhaft Behauptete zu glauben.

Das ist keine aufregende Botschaft. Interessanter ist aber Folgendes: Es kann sein, dass eine Lüge nicht zu einer Täuschung führt und wir gleichwohl als Belogene *akzeptieren*, was uns gesagt wurde. In Wolfgang Beckers Film *Good Bye, Lenin*[82] geht es um Folgendes: Christiane Kerner, eine linientreue Parteigenossin in der DDR, fällt kurz vor der Wende in ein Koma, aus dem sie Mitte 1990 unerwartet erwacht. Da die Ärzte sagen, dass schon die kleinste Aufregung für sie tödlich sein könne, entschließt sich ihr Sohn Alex, sie zu schonen und von der Realität abzuschirmen. Er baut daher ein imposantes Lügengebäude auf, dessen Ziel es ist, seine Mutter glauben zu lassen, die DDR existiere noch – von mühsam organisierten Spreewaldgurken bis hin zur Inszenierung der Flüchtlingsbewegungen als Fluchtbewegung von der Bundesrepublik in die DDR. Der Charme des Films liegt unter anderem darin, dass angedeutet wird, dass die Mutter das Lügengebäude, je abenteuerlicher und umfassender es wird, allmählich durchschaut. Zunehmend zeigt sich: Sie weiß, dass sie belogen wird, also getäuscht werden *soll*, lässt aber ihren Sohn nicht wissen, dass sie es weiß. Am Ende ist der Lügner, der Sohn, der Getäuschte, weil die Belogene, die Mutter, ihn glauben lässt, dass sie nicht wisse, dass er sie belügt, obwohl sie es sehr wohl weiß.

Eindeutig belügt Alex seine Mutter. Er versucht, sie glauben zu machen, dass die DDR noch existiere, um sie zu schonen. Diese Lüge ist der oben genannten »wohlwollenden Lüge« des Arztes, der den Patienten über seinen Gesundheitszustand belügt, um ihm eine unbeschwerte restliche Lebenszeit zu ermöglichen, sehr ähnlich. Auch wohlwollende Lügen, so wurde gesagt, definieren eine Beziehung – wenngleich punktuell, kurzzeitig und aus edlen Motiven – als Gegnerschaft, und das ist auch hier der Fall: Insofern seine Mutter wissen will, wie die Realität beschaffen ist, versucht der Sohn durch seine Lüge, sie an der Erreichung dessen, was sie erreichen will, zu hindern, setzt sich also zu ihr im oben erläuterten Sinne in eine Beziehung der Gegnerschaft. Das Durchschauen der Lüge ändert daran nichts. »Gegnerschaften«, so wurde gesagt, »bestehen« nicht einfach, sondern wir interpretieren eine Beziehung als Gegnerschaft, und das tut auch in diesem Fall der Lügende, also der Sohn: Da er ja nicht weiß, dass seine Mutter die Lüge durchschaut, glaubt er, wenngleich aus sehr wohlwollenden Motiven, sie an der Erreichung dessen, was sie, wie er fälschlich meint, erreichen will, hindern zu müssen, nämlich einer Erkenntnis dessen, wie die Dinge sich wirklich verhalten.

Es stellt sich nun aber heraus: So genau will sie es gar nicht wissen. Ihr, der strammen Parteigenossin, ist die Vorstellung, die DDR existiere noch, keinesfalls unsympathisch. Sie hat eine Tendenz, das ihr lügenhaft Gesagte zu akzeptieren, denn es kommt ihren Wünschen entgegen. Sie durchschaut (zunehmend) die Lügen des Sohnes; sie wird belogen, aber nicht (mehr) getäuscht. Aber sie widersetzt sich der Lüge nicht. Sie schert in die Lüge ein und macht mit, und zumindest einer der Gründe dafür ist offensichtlich, dass ihr die Vorstellung zusagt, dass es wirklich so ist, wie ihr gesagt wird – dass sie tatsächlich gerade Spreewaldgurken gegessen hat und all die Flüchtlinge aus dem Westen, welch beeindruckendes

Zeichen für den Sieg des Sozialismus, in der DDR um Asyl bitten. Darum akzeptiert sie, dass es so sei, wie der Sohn ihr sagt.

Ich habe im vorhergehenden Absatz bewusst das Verb »akzeptieren«, nicht das Verb »glauben« verwendet. Denn es wäre nicht zutreffend zu sagen, dass die Mutter, wenn sie die Lüge durchschaut, noch *glaubt*, dass die DDR existiert. Sie tut es anfangs, aber in dem Ausmaß, in dem sie die Lügen des Sohnes durchschaut, hört sie auch auf zu glauben, dass das ihr lügenhaft Gesagte wahr sei. Genauer: In dem Ausmaß, in dem die Mutter die Lügen des Sohnes durchschaut, hört sie auch auf, *in Folge der Lüge* zu glauben, dass das ihr lügenhaft Gesagte wahr sei. Denn es kann ja sein, dass sie ganz unabhängig von der Lüge und durch sie unbeeinflusst einen Glauben hat – etwa den Glauben, dass ein dermaßen überzeugendes und auf wissenschaftlich abgesicherten Grundprinzipien basierendes Staatssystem wie das der DDR aus naturgesetzlichen Gründen gar nicht zu existieren aufhören *könne* –, der dann durch die Lüge *gestärkt* wird. Das Fehlschlagen der Täuschungsabsicht besteht darin, dass der Adressat nicht mehr aufgrund der Lüge das ihm Gesagte glaubt, aber natürlich kann ein unabhängig von der Lüge entstandener Glaube gleichen Inhalts bestehen, und dieser wird dann geneigt machen, das, was einem lügenhaft versichert wird, zu akzeptieren, auch wenn man nicht glaubt, dass es wahr ist.

Wenn gesagt wird, dass die Mutter die Lüge »akzeptiert«, heißt »akzeptieren« Folgendes: Sie lässt sich davon in ihrem Tun und Handeln leiten. Sie widersetzt sich der Lüge nicht, und mehr noch: Sie lebt, *als ob* das ihr lügenhaft Gesagte wahr sei. Wer »sein Schicksal akzeptiert«, der widersetzt sich ihm nicht mehr und wehrt es nicht mehr ab, sondern stellt sich in seinem Lebensvollzug darauf ein, dass die Dinge so sind, wie sie sind. Wer »ein Kompliment akzeptiert«, der widersetzt sich ihm nicht und widerspricht dem Gesagten nicht, sondern agiert *unter der Annahme*, dass das Gesagte wahr sei, was bestens damit vereinbar ist, dass er das Kompliment als das durchschaut, was es ist, nämlich eine aus Gründen der sozialen Opportunität geäußerte Nettigkeit, um deren Wahrheitsgehalt es vielleicht schlecht bestellt ist (was wiederum nicht ausschließt, dass man auch aufrichtige Komplimente machen kann). Im gleichen Sinne von »akzeptieren« können wir etwas, was wir für falsch halten, akzeptieren: Wir können so handeln, *als sei* es wahr.

Das tut die Mutter in *Good Bye, Lenin*, die so lebt, als hätte es sich bei dem Westprodukt, das sie gerade verspeist hat, um Spreewaldgurken gehandelt.

Von der Mutter kann man also sagen: Sie glaubt nicht (oder jedenfalls nur anfangs), dass die DDR noch existiert, aber sie *akzeptiert* die Behauptung, dass es so sei. Mehr noch, man kann sogar von ihr sagen: Sie akzeptiert es *als* wahr. Zu unterscheiden sind also die folgenden beiden Aussagen:

(1) Christiane glaubt, dass »Die DDR existiert noch« wahr ist.
(2) Christiane akzeptiert »Die DDR existiert noch« *als* wahr.

Die leicht zu übersehende Differenz zwischen beiden Aussagen wird durch das bereits bei der Erläuterung des Ausdrucks »eine Beziehung als Gegnerschaft auffassen« erwähnte hermeneutische »als«, das in (2) auftaucht, in (1) aber fehlt, markiert, das auf die der prädikativen Struktur noch vorgelagerte Sinnstruktur des Etwas-als-etwas-Verstehens verweist. Etwas *als* wahr akzeptieren heißt: es als wahr *ansehen*, es als wahr *verstehen*, es gleichsam unter die Überschrift »Dies ist wahr« stellen. »Wahr« bezeichnet in (2) den Modus, in dem jemand etwas sieht – er sieht es als wahr an –; es ist aber nicht, wie in (1), ein Prädikat, das einer Proposition zugesprochen wird. Etwas als wahr akzeptieren heißt daher nicht: glauben, dass es wahr ist. Wer glaubt, dass das ihm lügenhaft Gesagte wahr ist, der denkt: So ist es! Wer es hingegen als wahr akzeptiert, der denkt: So sei es! Auf die Mutter in Beckers Film trifft, nachdem sie die Lüge durchschaut hat, das zweite, nicht aber das erste zu. Sie lebt so, als sei das wahr, was sie als falsch erkennt, weil sie wünscht, dass es wahr sei. Sie wird nicht mehr getäuscht, aber sie akzeptiert das ihr Gesagte *als* wahr. Das gibt es: Glauben, dass etwas falsch ist, und es dennoch als wahr akzeptieren.

Dass die Mutter die Lüge durchschaut, ändert, wie erwähnt, nichts daran, dass der Sohn sie (weiterhin) belügt. Auch dass sie das ihr Gesagte im nunmehr erläuterten Sinne als wahr akzeptiert, ändert daran nichts. Die Lüge hört nicht auf, eine Lüge zu sein, wenn sie als wahr akzeptiert wird. Allerdings: Es ist damit ein Zustand erreicht, in dem die Lüge sehr leicht überflüssig werden kann. Wenn nämlich nicht nur der Belogene die Lüge durchschaut, sondern auch der Lügende durchschaut, dass die belogene Person die Lüge durchschaut, aber das, was er lügenhaft sagt, gleichwohl akzeptiert, muss er nicht mehr lügen. Er hat sein Ziel ja in gewisser Hinsicht schon erreicht. In Kapitel II 3 wurde ausgeführt, dass dem Lügenden der Glaubenszustand des Belogenen »an sich«, d. h. unabhängig von seinen daraus resultierenden Handlungen und konativen Zuständen, im Allgemeinen gleichgültig ist. Die Täuschungsabsicht richtet sich zwar unmittelbar auf den Glauben des Belogenen, in letzter Instanz aber auf seine Handlungen und konativen Zustände, die der Lügende steuern will. Wenn aber eben diese Handlungen und konativen Zustände auch auf andere Weise als durch die Änderung des Glaubenszustandes herbeigeführt werden können – nämlich dadurch, dass der Belogene zwar nicht glaubt, dass das Gesagte wahr ist, aber es als wahr akzeptiert und entsprechend handelt –, dann bedarf es der Lüge für den Lügner nicht mehr, um sein Ziel zu erreichen.

Denkbar wäre in *Good Bye, Lenin* auch folgender Handlungsverlauf gewesen: Nicht nur durchschaut die Mutter zunehmend die Lügen des Sohnes, sondern auch der Sohn durchschaut allmählich, dass die Mutter die Lüge durchschaut. Er merkt, dass sie ihm längst auf die Schliche gekommen ist. Er merkt aber auch, dass sie die Lüge akzeptiert, weil sie ihren Wünschen entgegenkommt. In diesem Fall könnten sich Mutter und Sohn darauf verständigen, *beide* die Annahme »Die DDR existiert noch« als wahr zu akzeptieren. Sie könnten als *partners in crime* das »79-Quadratmeter-DDR«-Szenario einfach aufrechterhalten. Beide würden dann eine gemeinsame Konstruktionsleistung vollbringen.[83] Sie würden eine Realität konstruieren, die es nicht gibt, die aber beider Interessen entgegenkäme. Die Mutter könnte damit ihr Interesse realisieren, sich nicht der für sie unangenehmen Einsicht stellen zu müssen, dass die DDR nicht mehr existiert, der Sohn könnte sein altruistisches Interesse realisieren, der Mutter eben diese Einsicht zu ersparen und damit ihre Gesundheit zu schonen. Der Lüge bedürfte es dazu nicht mehr. Und keiner von beiden, also auch der Sohn nicht, würde die Beziehung zum anderen noch als Gegnerschaft definieren. Es wäre ein Zustand erreicht, in dem sich beide an der Fiktion, dass die DDR noch existiert, als an einem allgemeinen Bezugsrahmen für ihren Lebensvollzug orientieren würden.

In diesem Zustand wäre es für die darin Befindlichen *egal*, ob »Die DDR existiert noch« wahr oder falsch ist. Die Lüge würde durch ein Narrativ ersetzt. Dieses Narrativ wäre nicht mehr an Wahrheit und Falschheit orientiert, und es würde sich nicht durch seine Wahrheit legitimieren, sondern durch seine *Funktion*, nämlich diejenige, einen Orientierungsrahmen für einen Lebensvollzug zu setzen. Es wäre überlebensdienlich. Auch von Angemessenheit und Unangemessenheit könnte nicht mehr die Rede sein, jedenfalls nicht in dem Sinne von »angemessen« und »unangemessen«, in dem diese Ausdrücke im Vorhergehenden auf Lügen zur Bezeichnung ihrer sozialen Angemessenheit oder Unangemessenheit angewendet wurden. Wenn also eine Lüge nicht nur nicht zur Täuschung führt, sondern, wie in Beckers Film, auf die Bereitschaft des Belogenen trifft, das lügenhaft Gesagte als wahr zu akzeptieren, weil es den eigenen Wünschen entspricht, dann ist damit ein gleitender Übergang zu einem Zustand vorbereitet, in dem die Kategorien der Wahrheit und Falschheit keine Rolle mehr spielen und niemand mehr versucht, jemanden etwas glauben zu machen, was er selbst für irrig hält. Die Lüge wird zum Narrativ, in dem sich leben lässt, weil es überlebensdienlich, vielleicht sogar überlebensnotwendig ist.[84]

Diese Verfestigung der Lüge zum Narrativ wird dabei durch ihr Andauern und durch die Anreicherung einer zentralen Lüge durch andere sie stützende Lügen begünstigt. In *Good Bye, Lenin* erstreckt sich die Lüge, mit der der Sohn die Mutter (anfangs erfolgreich) an das Fortbestehen der DDR glauben zu lassen versucht, immerhin über einige Monate, wodurch sie sich von der punktuellen Lüge des Arztes, der den Patienten mit einer Äußerung wie »Ich sehe keine Metastasen auf dem Röntgenbild« zu dessen Wohl täuscht, deutlich unterscheidet. Zudem errichtet hier der Sohn, anders als der Arzt gegenüber dem Patienten, sorgfältig ein Lügen*gebäude*, indem er eine für das Überleben der Mutter zentrale Lüge (»Die DDR existiert noch«) mit flankierenden Lügen (»Das sind Spreewaldgurken«, »Jähn ist zum Staatspräsidenten der DDR gewählt worden«) verknüpft und so seiner Mutter eine kohärente *Weltsicht* innerhalb der Lüge, einen übergreifenden Orientierungsrahmen, bietet. Er lügt nicht nur, er erzählt eine lügenhafte *Geschichte*. Damit wird die Lüge, wenn sie als wahr akzeptiert wird, zum Narrativ. Wird ein solches Narrativ dann in einer Kultur dominant und wird es gar epochenübergreifend von dieser Kultur als Orientierungsrahmen akzeptiert, kann es zum Mythos werden, der ein kollektives Sinnzentrum bildet. Die Priesterlüge kann zur Religion werden. Die Lüge hört dann – zum Narrativ und möglicherweise zum Mythos werdend – auf, eine Lüge zu sein.

2. Belogen werden wollen

Ende 2018 gab es in der Bundesrepublik einen »Medienskandal«: Es stellte sich aufgrund der hartnäckigen Nachforschungen und der Beharrlichkeit seines Kollegen Juan Moreno heraus, dass der *Spiegel*-Reporter Claas Relotius einen Großteil, wohl die meisten, der von ihm im *Spiegel* veröffentlichten Reportagen gefälscht hatte. In seinen atmosphärisch sehr dichten und äußerst detailreichen Reportagen – etwa über die amerikanischen Grenztruppen an der Grenze zwischen den USA und Mexiko oder über den Syrienkrieg[85] – hatte Relotius gelogen, was das Zeug hält.[86] Er hatte über Grenzsoldaten, die er nie persönlich gesehen hatte, und deren brutale Methoden im Umgang mit den mexikanischen Flüchtlingen fabuliert, er hatte sich die Geschichte eines Kindes ausgedacht, das mit einer Assad beleidigenden Maueraufschrift wesentlich zum Ausbruch des Syrienkriegs beigetragen habe – und manches dieser Art mehr. Die Empörung und das Entsetzen über den Verrat am journalistischen Ethos und an der Verpflichtung zu Aufrichtigkeit und Wahrheit war groß. Man war betroffen.

Was man in der Empörungswelle ein wenig vermissen konnte, war allerdings ein Hauch von Selbstkritik auf Seiten der Rezipienten der Reportagen Relotius'. Liest man sie im Wissen um ihre Entstehung, kann man kaum umhin zu denken: Natürlich sind sie gefälscht. Das sieht man doch. Und man hätte es auch schon vor Aufdeckung des Skandals sehen können, wenn man es gewollt hätte. Man wollte es aber nicht, und zwar weil die Reportagen Relotius' allzu perfekt dem Wunsch der Rezipienten entgegenkamen, mit lebens- und realitätsnahen, aber doch hinreichend aufregenden Details versorgt zu werden, die die Reaktionen »So könnte es tatsächlich gewesen sein!« und »Das ist ja unglaublich!« gleichermaßen rechtfertigen. Vom Schicksal Aleyda Millas, die sich auf den Weg zur Flucht in die USA durch Mexiko aufmacht, fabulierte Relotius z. B. in der – mit Moreno co-autorierten – Reportage »Jägers Grenze« wie folgt:

> Nur ein paar Stunden später, gut 2000 Kilometer südlich, auf einem Tankstellenparkplatz am Ortsausgang von Isla, einem verlorenen Kaff im mexikanischen Bundesstaat Veracruz, geht eine junge Frau mit Kinderwagen auf einen fremden Mann in einem Lkw zu, um ihm ein Angebot zu machen. Die Frau, sie ist 25 Jahre alt, ihr Name ist Aleyda Milla, trägt gefälschte Plastik-Crocs, eine graue Leggins und ein T-Shirt mit der Aufschrift »Friends«. An der Hand hält sie ihre fünfjährige Tochter, Alice. »Wann können wir los?«, fragt Aleyda. »Sofort«, sagt der Mann, sein Atem riecht nach Tequila. Er öffnet die hintere Tür des Lkw, als wäre es die Tür zum Paradies. Es dauert nur Minuten, dann nähern sich Gestalten vom ganzen Parkplatz, junge Männer in schmutzigem Hemd, Familien mit noch mehr Kindern auf dem Arm, erschöpfte Menschen. 150 von ihnen steigen in den Laderaum, setzen sich dicht gedrängt auf den Boden, immer fünf in einer Reihe. Die Luft ist heiß und stickig. Ein Mann mit einer Mütze der L. A. Lakers fragt, ob er ein kaltes Bier haben und Fox Sports schauen könne. Die Leute lachen.[87]

Kann man ernsthaft glauben, dass solche Passagen, als deren Autor man einen literarisch mäßig begabten Hemingway-Imitator vermuten könnte, Resultat einer faktenorientierten journalistischen Recherche sind? Dass jemand so gut recherchiert hat, dass er noch gewissenhaft notiert, dass Aleydas Plastik-Crocs »gefälscht« sind, auch ganz genau weiß, dass deren Tochter fünf Jahre alt ist und auf ihrem T-Shirt »Friends« steht und – wirklich erstaunlich – sogar noch den nach Tequila riechenden Atem des Mannes wahrnehmen kann, mit dem Aleyda sich (wie man annehmen darf: in einiger Entfernung von ihm) unterhält? Natürlich ist es durchaus *möglich*, dass es sich haargenau so verhielt, wie Relotius schreibt, aber für die Einstufung eines Berichts als glaubwürdig verlangen wir im Allgemeinen mehr als die bloße Möglichkeit der Wahrheit des Gesagten. (Es ist z. B. auch *möglich*, dass die Vergabe der Fußball-WM nach Katar nichts mit Korruption zu tun hatte, aber eine entsprechende

Behauptung wird man dennoch im Allgemeinen als wenig glaubwürdig einstufen.) Hätte Relotius dermaßen genau recherchiert, hätte er seine Auszeichnungen mehr als verdient. Er hat es nicht, und auch vor Bekanntwerden seiner Fälschungen wird niemand ernsthaft geglaubt haben, dass er es getan hat oder dass seine Behauptungen von anderen überprüft worden seien. Zwar lässt sich bei der Prüfung des oben zitierten Passus die (zutreffende) Aussage, dass Isla in Veracruz liegt, per Internetrecherche binnen fünf Sekunden verifizieren. Wer aber glaubte, dass beim *Spiegel*-Faktencheck kurz vor Weihnachten 2018 die Telefondrähte heißgelaufen seien, um zu überprüfen, ob Aleydas Crocs gefälscht waren, dem wäre nicht zu helfen. Uns treuen *Spiegel*-Lesern war es schlicht egal, ob diese Schilderungen wahrheitsgemäß waren oder nicht.

Zu einer solchen Haltung der Gleichgültigkeit gegenüber Wahrheit oder Falschheit lädt vor allem die Tatsache ein, dass die allermeisten der genannten Details für das Verständnis des zentralen Geschehens monströs unwichtig sind. Die Geschichte des amerikanisch-mexikanischen Grenzkonflikts unter Trump wird nicht umgeschrieben werden müssen, wenn sich herausstellt, dass Aleydas Crocs nicht gefälscht waren, der Atem des Mannes nicht nach Tequila, sondern nach gar nichts roch und der andere Mann keine Mütze der L. A. Lakers, sondern eine der Bolton Wanderers trug. All dies ist dermaßen unwichtig, dass seine Wahrheit oder Falschheit niemanden interessiert. Hat sich der Schreibende darin geirrt, wird man es ihm mit Hinweis auf die Unwichtigkeit eines solchen Details – das wir allerdings als Beitrag zur atmosphärischen Verdichtung durchaus goutieren können – durchgehen lassen. Und wenn diese Haltung einmal eingenommen ist, ist es – zumal da zwischen Unwichtigem und vielleicht doch Wichtigem ein fließender Übergang besteht und die Unterscheidung nicht ganz trennscharf ist – nur noch ein kleiner Schritt dazu, gegenüber dem Text als ganzem eine nonchalante Haltung der Wahrheitsindifferenz einzunehmen: Kann schon stimmen, was er schreibt, und wenn es nicht stimmt, ist es auch nicht schlimm. Hauptsache, es ist eine »packende Reportage«.

Wahrheitsindifferenz ist das eine, Belogen werden Wollen ist etwas anderes. Können wir auch sagen, dass wir, die Rezipienten der Texte von Relotius, belogen werden *wollten*? Ich glaube: ja.

Zweifellos hat Relotius gelogen, und sei es nur über den nach Tequila riechenden Atem mexikanischer Männer, und wir wollten, wie sein Erfolg zeigt, dass er das tut, was er tat; also wollten wir, dass er uns belügt. Sicher kann man hier einwenden, dass wir es nicht *unter der Beschreibung* »lügen« wollten. Wir hätten Relotius nicht gesagt: »Bitte belüg uns!«, aber: »Bitte schreib uns solche packenden Reportagen!«, und diese packenden Reportagen enthielten eben Lügen, und das wussten wir. Etwas technischer gesprochen: Wir wollten nicht de dicto, aber de re belogen werden. Wir wollten, dass Relotius genau das tat, was er tat, als er uns belog. Wenn ich will, dass mein Freund eine Bank überfällt und ihn darin bestärke, kann ich die Verantwortung dafür nicht dadurch abwehren, dass ich den Banküberfall statt unter die Beschreibung »eine Bank überfallen« unter die Beschreibung »den Kapitalismus bekämpfen« stelle, solange ich weiß, dass den Kapitalismus zu bekämpfen für ihn eben auch bedeutet, Banken zu überfallen. Wenn ich dieses Wissen habe und will, dass er den Kapitalismus bekämpft, will ich auch, dass er Banken überfällt. Und wenn ich will, dass ein Journalist mich belügt, ändert sich daran nichts, wenn ich das, was er tut, statt unter die Beschreibung »lügen« unter die Beschreibung »eine packende Reportage schreiben« stelle, sofern ich weiß, dass eine packende Reportage zu schreiben für ihn eben auch zu lügen bedeutet.

Dass es uns im Allgemeinen eben nicht auf Wahrheit per se ankommt, sondern wir das Nichtgetäuschtwerden nur dann schätzen, wenn es mit einem Nutzen für uns verbunden ist, stellt bereits Nietzsche fest, der in der *Fröhlichen Wissenschaft* schreibt:

> Man will sich nicht täuschen lassen unter der Annahme, dass es schädlich, gefährlich, verhängnisvoll ist, getäuscht zu werden, – in diesem Sinne wäre Wissenschaft eine lange Klugheit, eine Vorsicht, eine Nützlichkeit. [88]

Ist es aber nicht nützlich, nicht getäuscht zu werden, sondern nutzt die Täuschung, dann, so Nietzsche, werden wir ebenfalls wollen, was uns nützt – also das Herbeiführen der Täuschung. Nietzsche, der bekanntlich zu Übertreibungen neigte, erweitert diese Aussage zu der kühnen These, dass »das Leben auf Täuschung angelegt« sei:

> Denn man frage sich nur gründlich: »Warum willst du nicht täuschen?«, namentlich wenn es den Anschein haben sollte, – und es hat den Anschein! – als wenn das Leben auf Anschein, ich meine auf Irrtum, Betrug, Verstellung, Blendung, Selbstverblendung angelegt wäre […].[89]

Nietzsches These, dass wir getäuscht werden wollen, wenn es uns nützt, besagt im Kern nichts anderes, als dass wir belogen werden wollen, wenn der Zustand der Täuschung, auf den die Lüge abzielt, unseren Wünschen entgegenkommt.

An der Vorstellung, dass jemand belogen werden will, wenn es ihm nützt und seinen Wünschen entgegenkommt, ist nichts Widersprüchliches. Wir können durchaus wollen, dass jemand uns etwas glauben macht, was er selbst für irrig hält. Das heißt nicht, dass wir belogen werden wollen, *damit* wir belogen werden. Aber wir wollen belogen werden, damit wir infolge der Lüge (oder zumindest durch sie bestärkt) das *glauben* können, was wir glauben wollen. Der Wunsch, belogen zu werden, ist der Wunsch, von außen eine Autorisierung dafür zu bekommen, das glauben zu dürfen, was man glauben will. Ich *will* glauben, dass meine Texte gehaltvoll sind, also lasse ich mich gerne von der Kollegin, die mir ein Kompliment dafür macht, in der Ansicht bestärken, dass sie es seien, und wenn sie mich mit ihrer Äußerung belügt, ist mir auch die Lüge willkommen. Wir wollen, dass wir nicht einsam und unbedeutend in einem gegenüber unseren Nöten indifferenten Universum sind, und wenn uns jemand sagt, dass wir es tatsächlich nicht sind, weil ein allgütiges Wesen sich zuverlässig um uns kümmert und aufrichtigen Anteil an unseren Alltagssorgen nimmt, werden wir geneigt sein, das von ihm Gesagte zu glauben, selbst wenn er selbst es nicht für wahr hält und wir wissen oder zumindest ahnen, dass er es nicht für wahr hält. Wir wollen, dass die Situation an der amerikanisch-mexikanischen Grenze mit so eindeutigen Rollenverteilungen von Gut und Böse einherging, wie es Relotius' Reportagen suggerieren, also lassen wir uns gerne von ihm belügen, dass es so gewesen sei. Wir benutzen dann den Lügner, um eine Täuschung, an der wir festhalten wollen, zu stärken. Relotius hat uns belogen. Aber getäuscht hat *er* uns – wenn wir ehrlich sind – nicht.

Es besteht kein Anlass, das Bedürfnis, belogen zu werden, zu moralisieren. Man kann die Frage, ob man sich an der Wahrheit orientieren und Wahrhaftigkeit anstreben sollte, als eine prudentielle, nicht moralische Frage auffassen. Wenn jemand von außen eine Bestätigung seines auf Selbsttäuschung beruhenden, aber einem glücklichen Leben zuträglichen Selbstbildes erhalten und daher zur Stärkung dieses Selbstbildes belogen werden will, ist ihm dies ebenso wenig vorzuhalten, wie wenn jemand die Lüge des anderen als willkommene Verstärkung der eigenen Weltsicht benutzt. Das gilt auch, wenn jemand die *Spiegel*-Reportagen Relotius' liest, um sich dadurch in seiner klar konturierten Gut-Böse-Weltsicht bestärken zu lassen. Dass Philosoph:innen berufsbedingt dazu neigen, Wahrheit wichtig zu finden, ist kein Grund, diese Orientierung zu einer allgemein verbindlichen zu erheben und anderen zu oktroyieren, dass sie sich ebenfalls daran zu orientieren hätten.

Irritierend ist aber, wenn das Belogenwerdenwollen eine Koalition mit moralischer Empörung über das Belogenwerden eingeht. Wenn ich will, dass jemand mich belügt, habe ich keinen Grund, mich darüber zu empören, dass er es auch tut. *Volenti non fit iniuria*. Die Empörungswelle nach Aufdeckung des »Relotius-Skandals« war aber dieser Art. Man empörte sich darüber, die Lügen serviert bekommen zu haben, die man serviert bekommen wollte. Der Grund hierfür liegt auf der Hand: Wenn es als Ausweis der Kultiviertheit und der Bildung gilt, sich »nichts vormachen zu lassen« und einen »kritischen Geist« zu haben, ist es peinlich, belogen werden zu *wollen*. Das gibt man – zumal als »kritischer« Leser eines »kritischen« Magazins, das sich das kernige Motto »Sagen, was ist« gegeben hat – nicht gerne zu. Mit der Empörung über Relotius konnte man bestens davon ablenken, dass er genau das getan hatte, was man wollte. In der Verfilmung von *1000 Zeilen Lüge* lässt der Regisseur das Relotius-Pendant Lars Bogenius nach Aufdeckung seiner Fälschungen in einer abschließenden Rechtfertigungssuada sagen, ihm sei nichts vorzuwerfen, denn er habe ja nur die Erwartungen des Publikums bedient. Niemand sei an der spröden, langweiligen Wahrheit interessiert, die Leute wollten packende und mitreißende Geschichten, und eben die habe er, Bogenius alias Relotius, geliefert.[90] Wir wissen nicht, ob Relotius so etwas gesagt hat. Aber wenn er es gesagt hat, war es einer der seltenen Momente, in denen er Wahres sagte, denn tatsächlich hat er die Erwartungshaltungen eines Publikums bedient, dem es auf Wahrheit nicht ankommt und das sich gerne belügen lässt, wenn es dafür realistisch anmutende Geschichten mit Gruseleffekt bekommt und sich gleichzeitig attestieren kann, sich »politisch zu bilden«. Relotius hat geliefert, was von ihm erwartet wurde. Und wir, die wir es von ihm erwarteten, haben uns darüber empört, dass er uns geliefert hat, was wir von ihm wollten.[91]

Es liegt nahe, diese Empörungsreaktion ihrerseits als »verlogen« zu bezeichnen. Nietzsche verwendet dieses Wort in der *Genealogie der Moral* in lustvoller Ausführlichkeit, wenn er die moralisierende Haltung des »guten Menschen« zur Lüge, deren »moralistische Verlogenheit«[92] in der moralischen Abwertung der Lüge, geißelt:

> Unsere Gebildeten von heute, unsere »Guten« lügen nicht – das ist wahr, aber es gereicht ihnen nicht zur Ehre! [...] Ihnen geziemt allein die »unehrliche Lüge«; alles, was sich heute als »guter Mensch« fühlt, ist vollkommen unfähig, zu irgendeiner Sache anders zu stehen als unehrlich-verlogen, abgründlich-verlogen, aber unschuldig-verlogen, treuherzig-verlogen. Blauäugig-verlogen, tugendhaft-verlogen. Diese »guten Menschen« – sie sind allesamt jetzt in Grund und Boden vermoralisiert [...].[93]

Aber ist es angemessen, hier von Verlogenheit zu sprechen? Legt man Nietzsches exzentrischen Begriff der Lüge aus dem *Antichrist* – »Ich nenne Lüge etwas nicht sehen wollen, das man sieht«[94] – zugrunde, der Lüge mit einer Form von Selbsttäuschung in eins fallen lässt, dann schon. Denn der sich über das Belogenwordensein Empörende, der belogen werden wollte, will nicht sehen, dass er belogen werden wollte. Geht man aber vom Lügenbegriff aus, dem zufolge jemand lügt, wenn er versucht, mittels eines adressatenbezogen verdeckten Sprechaktes einen anderen etwas glauben zu machen, was er selbst für falsch hält, ist hier nicht von Verlogenheit zu sprechen. Denn der sich über das Belogenwordensein Empörende will zwar, wenn er sich empört, jemanden – unter anderem vermutlich sich selbst – *etwas Falsches* glauben machen, nämlich dass er nicht hätte belogen werden wollen. Aber zu unterstellen, dass er damit jemanden etwas glauben machen wollte, was er selbst für falsch *halte*, ihm also ein Bewusstsein dessen zu unterstellen, dass er belogen werden wollte, ist nicht plausibel. Vermutlich hält er es nicht für falsch, dass er nicht belogen werden wollte, sondern glaubt es tatsächlich, wenngleich fälschlich. Er hält es für wahr, obwohl es falsch ist, denn er wollte belogen werden. Darum versucht der sich über das Belogenwordensein Empörende, der belogen werden wollte, jemanden etwas glauben zu machen, was falsch ist, aber nicht etwas, was er selbst für falsch hält. Er ist vielleicht dumm, verblendet, borniert und ihm fehlt die Einsicht in das, was er wollte, und insofern mangelt es ihm an Selbstkenntnis – aber verlogen ist er nicht.

SCHLUSSBEMERKUNGEN

Lügen, so die Kernthese dieses Essays, sind eine Weise des sozialen Handelns, mit der wir eine Beziehung als Gegnerschaft definieren. Sie sind also ein Beziehungsphänomen, und wenn wir die Frage beantworten wollen, die üblicherweise als Frage danach, »ob eine Lüge moralisch erlaubt ist«, gestellt wird, sind wir auf die Frage nach der Struktur einer Beziehung zurückverwiesen. Divergenzen in Bezug auf die Beantwortung der Frage nach der Erlaubtheit des Lügens lassen sich auf Interpretationsdivergenzen über eine Beziehungsstruktur zurückführen. Wir sollten daher, so die These, die Frage nach der moralischen Erlaubtheit der Lüge durch diejenige nach der sozialen Angemessenheit des Lügens ersetzen. Bestimmten Beziehungstypen, nämlich Gegnerschaften, sind Lügen sozial angemessen, anderen nicht. Damit wurde der Vorschlag unterbreitet, die in der philosophischen Ethik so lebhaft diskutierte Frage nach der moralischen Erlaubtheit des Lügens zu *entmoralisieren*. Statt zu fragen, ob Lügen moralisch geboten, verboten oder erlaubt sind, sollten wir demnach fragen, ob sie zu einer bestimmten Beziehungsstruktur »passen« oder nicht. Dies schließt, wie gezeigt, keinesfalls aus, dass wir moralische Fragen in Bezug auf die Lüge weiterhin diskutieren können, aber diese Fragen betreffen moralische Wertungen der Lüge in Abhängigkeit von den ihr zugrunde liegenden Motiven, und wir können sie diskutieren, ohne dabei auf die deontischen Kategorien des Geboten-, Verboten- oder Erlaubtseins Bezug nehmen zu müssen. Auch für die Diskussion möglicher Wertungsdifferenzen zwischen lügendem und nicht-lügendem Täuschen und für die Bewertung einer möglichen Zustimmung zur Lüge brauchen wir diese Kategorien nicht.

Ob Lügen, wenn sie eine Beziehung als Gegnerschaft definieren, als einer Beziehung angemessen oder unangemessen einzustufen sind, wird man, wie im Vorgehenden deutlich wurde, relativ zum Verständnis der Beziehung durch die an ihr Beteiligten zu entscheiden haben. Einer Beziehung, die als Gegnerschaft verstanden wird, können Lügen *aus der Perspektive dessen,* der sie so versteht, angemessen sein, einer solchen, die nicht so verstanden wird, werden sie *aus der Perspektive dessen*, der sie nicht so versteht, nicht angemessen sein. Einen überperspektivischen »Blick von nirgendwo«, der uns erlauben würde zu entscheiden, ob Lügen »an sich« und irrelativ auf die Interpretation einer Beziehung als Gegnerschaft angemessen sind oder nicht, gibt es nicht. Dies zu konzedieren ist mit dem Verzicht darauf verbunden, die Frage nach der Angemessenheit des Lügens allgemein und unter Absehung von einzelfallspezifischen Merkmalen zu beantworten. Allerdings ist dies kein schwerwiegender Verlust. Wenn eine philosophische Theorie des Lügens dazu nötigt, sich auf den Einzelfall einzulassen und die Frage nach der Angemessenheit des Lügens unter Berücksichtigung perspektivischer Differenzen bei der Interpretation einer Beziehung zu beantworten, spricht dies nicht gegen sie.

ANMERKUNGEN

1 Vgl. als Überblick die bei Lotter (2017) versammelten Texte.

2 Vgl. hierzu z. B. Birnbacher (2006), Kap. 4 und 5.

3 Searle 1995.

4 Searle 1995, 52–60.

5 Weber 1922, 1 (Bd. I, Teil I, Kap. 1, § 1).

6 Shakespeare, *Henry IV, Part* 2, Act V, Scene 5, V. 47.

7 Vgl. Bittner 2015.

8 Searle 1995, 52–60.

9 Vgl. zu performativen Äußerungen grundlegend Austin 1962, bes. Lecture I–VII; zur Konstitution sozialer Realität durch performative Sprechakte vgl. auch Searle 1995, 43.

10 Vgl. hierzu Searle 1995, 37–39.

11 Zur Rolle von Voraussetzungen in der Definition von (insbesondere repressiven) Beziehungsstrukturen vgl. Langton 2018a.

12 Vgl. zum folgenden Absatz ausführlicher Hallich 2022.

13 Ibsen, *Nora oder ein Puppenheim*, Akt III.

14 Zum Begriff der Aktionsmacht vgl. Popitz 1992, 43–78. Popitz grenzt Aktionsmacht von auf Drohungen beruhender instrumenteller Macht, von auf Autoritätswirkungen beruhender autoritativer Macht und von auf Änderungen der natürlichen Gegebenheiten beruhender datensetzender Macht ab.

15 Haneke 2009.

16 Vgl. hierzu Watzlawick/Beavin/Jackson 1967, 213–252 (Kap. VI 6.4).

17 Zur Theorie der kognitiven Dissonanz vgl. grundlegend Festinger 1957.

18 Zu Lügen als verdeckten Sprechakten vgl. Dietz 2017, 15–22.

19 Vgl. hierzu ausführlich Langton 2018b.

20 Zur Nähe von Lüge und Macht vgl. auch Bok (1978, 36–39), die Lügen sogar als eine Form von Gewalt auffasst.

21 Vgl. hierzu die klassische Machtdefinition Max Webers: »Macht bedeutet jede Chance, innerhalb einer sozialen Beziehung den eigenen Willen auch gegen Widerstreben durchzusetzen, gleichviel worauf diese Chance beruht« (Weber 1922, 28 (Bd. I, Teil I, Kap.1, § 16).

22 Zur autoritativen Macht vgl. Popitz 1992, 104–159. Popitz hat allerdings primär andere Autoritätsphänomene im Blick als das Phänomen epistemischer Autorität, mit dem ein Für-wahr-Halten gesteuert wird, nämlich die Autoritätswirkungen von »Führerfiguren«, denen Autorität zugeschrieben wird.

23 Vgl. hierzu auch Künne 2013, 32f.

24 Vgl. Ryle 1949, 198–206 (Kap. V, Abschn. 5).

25 Dass Lügen eine Subkategorie von Täuschungen seien, wird von vielen Autor:innen angenommen; exemplarisch hierfür Bok 1978, 31–34; kritisch hierzu Shiffrin 2014, 13, 19–21.

26 Künne 2013, 27.

27 Künne 2013, 29. Für die Möglichkeit einer Lüge ohne (thematische) Täuschungsabsicht argumentieren auch Dietz (2002, 112–114) und Shiffrin (2014, 14).

28 Künne 2013, 30.

29 Wenn man hier »Ja« antwortet, wird man das Beispiel (pace Künne 2013, 30) gleichwohl nicht als Beispiel für eine »unverdeckte Lüge« akzeptieren müssen, da, wie gezeigt, die Unterscheidung zwischen Verdecktheit und Offenheit eine andere ist als diejenige zwischen vorliegender und nicht vorliegender Täuschungsabsicht.

30 Vgl. zu dieser Art des gegenüber dem Wahrheitswert des Gesagten indifferenten Redens ausführlich Frankfurts »On Bullshit« (1986). Zur Bezeichnung des von Frankfurt Gemeinten schlage ich »schwadronieren« statt der scheußlichen Halb-Übersetzung »bullshitten« vor, die sich leider eingebürgert hat.

31 Vgl. zu perlokutionären Akten und deren Beschreibungen Austin 1962, Lecture X.

32 Vgl. in Dickens' *David Copperfield* insbes. chap. 39.

33 Das Beispiel stammt aus der *Grundlegung zur Metaphysik der Sitten* (Kant 1785 [AA IV, 422]). Zur folgenden Rekonstruktion des Beispiels vgl. auch Langton 2009, 204–206.

34 Fälle des von der Durchsetzung eigener Interessen gänzlich unabhängigen Lügens wird man häufig unter der Bezeichnung »Pseudologie« (wozu auch das »Münchhausen-Syndrom«, also das zwanghafte Vortäuschen von Krankheiten, gezählt wird) als Fälle mit Krankheitswert einstufen; vgl. hierzu Kohut 1971, 133–138, der diese Fälle als Ausprägungen einer narzisstischen Persönlichkeitsstörung analysiert.

35 So Dietz in *Die Kunst des Lügens* (2017).

36 Elias 1993, Bd. II, 370.

37 Vgl. hierzu ausführlich Sommer 2016.

38 Zur Unterscheidung zwischen »A hat ein Interesse an X« und »X ist in As Interesse« vgl. Birnbacher 1995b, 228f.

39 *Hamlet*, Act III, Scene 4, v. 176.

40 Molière, *Le Misanthrope*, Act I, Scène 2.

41 Zwischen Höflichkeitslügen und wohlwollenden Lügen gibt es allerdings fließende Übergänge – was nicht erstaunt, da es zum einen eine Höflichkeitsnorm gibt, wohlwollend zu sein, und es zum anderen Teil einer wohlwollenden Haltung gegenüber dem anderen ist, ihm gegenüber auch Höflichkeitskonventionen einzuhalten. Daher wird es oft schwer bis gar nicht zu

entscheiden sein, ob eine Lüge eine Höflichkeitslüge oder eine wohlwollende Lüge ist, und sie kann auch beides zugleich sein.

42 Vgl. Stemmer 2010, 112–116.

43 Vgl. hierzu den Wikipedia-Artikel: https://de.wikipedia.org/w/index.php?title=Rosa_Parks&oldid=226182595.

44 Vgl. hierzu Gethmann 2023, 199–209.

45 Zu dieser Differenz zwischen faktischer Geltung und Gültigkeit und zur Bestimmung von Gültigkeit als »Geltung, die sich für uns erweist«, vgl. Habermas 1991, 158.

46 Vgl. zum hermeneutischen »als« z. B. Gethmann 1993, 152–154.

47 Das in § 136 der Strafprozessordnung genannte Recht des Angeklagten, sich zur Beschuldigung zu äußern oder nicht zur Sache auszusagen, wird im Allgemeinen im Sinne eines »Rechts auf Selbstbelastungsfreiheit« ausgelegt, dem zufolge der Angeklagte nicht verpflichtet ist, die Wahrheit zu sagen, wobei das Fehlen der Pflicht zur Wahrheit nach zwar keinesfalls unbestrittener, aber von einigen Rechtswissenschaftler:innen vertretenen Ansicht nicht nur als Schweigerecht, sondern auch als Recht zu lügen (sofern damit nicht ein anderer Straftatbestand wie falsche Verdächtigung, Verleumdung oder Strafvereitlung erfüllt wird) aufzufassen ist; vgl. zur Debatte z. B. Meyer-Goßner/Schmitt 2018, § 136, Rn. 17.

48 Im folgenden Beispiel ist von (nicht verbalen) Täuschungen, nicht von Lügen, die Rede; die These, dass Täuschungen, die nicht auf Lügen beruhen, in wesentlichen Hinsichten wie Täuschungen, die auf Lügen beruhen, zu beurteilen sind, wird in Kapitel V ausführlich zu begründen sein. An dieser Stelle kann auf eine Differenzierung zwischen Lügen und Täuschen ohne Lügen verzichtet werden.

49 Kant 1797. Zur Diskussion vgl. z. B. die Beiträge bei Geismann/Oberer 1986, Shiffrin 2014, 6–8, 26–46, und Dietz 2017, 86–94.

50 Constant 1796, 64–79 (chap. VIII).

51 Constant 1796, 75f.

52 Eine tentative (und eingeschränkte) Verteidigung der kantischen Position formuliert Shiffrin, die auf der Grundlage der Unterscheidung zwischen Lügen und Täuschungen dafür argumentiert, dass die Legitimität der Lüge zur Rettung des Lebens eines Unschuldigen nicht die Legitimität jeder Täuschung des Auskunft Verlangenden impliziert (2014, 26–46).

53 Kant 1797 (AA VIII, 426).

54 Kant 1797 (AA VIII, 429).

55 Kant 1797 (AA VIII, 429).

56 Zur Differenz zwischen evaluativer und normativer Redeweise vgl. von Wright 1963, Kap. VIII.

57 Vgl. Hare 1952, Kap. 9.

58 Vgl. Hallich 2008, Kap. XV.

59 Vgl. hierzu z. B. Hoerster 2014, 105–107.

60 Schopenhauer 1860, § 17 (ZA VI, 262).

61 Schopenhauer 1860, § 17 (ZA VI, 262).

62 Historisch zuverlässiger als der Spielberg-Film ist zum Leben Schindlers vermutlich die Biographie von Crowe (2004).

63 Zur Auseinandersetzung des Utilitarismus mit dem Überforderungseinwand vgl. Raters 2022, 85–106.

64 Vgl. hierzu ausführlich Wiertz 2020, bes. Kap. 4.

65 Vgl. zu Begriff und Wert der Privatheit ausführlich Rössler (2001); vgl. zu Lügen und Privatheit auch Dietz 2017, 144–152.

66 Das Beispiel ist übernommen von Dietz (2017, 146).

67 Dietz 2017, 149.

68 Johnson 1981, 68; auch zitiert bei Dietz (2017, 149). Johnson beschreibt hier, dass der Protagonist entdeckt, jahrelang von seiner Frau betrogen worden zu sein.

69 Paul 1811, 159 (»Aph. 29.: Erinnerung«). Das vagabundierende und meist falsch wiedergegebene Zitat stammt aus Jean Pauls »Impromptüs, welche ich künftig in Stammbücher schreiben werde«, wo es wörtlich heißt: »Die Erinnerung ist das einzige Paradies, aus dem wir nicht getrieben werden können. Sogar die ersten Eltern waren nicht daraus zu bringen.«

70 Hursthouse 1991, 99.

71 Vgl. hierzu ausführlich Menges 2017, Kap. 2.

72 Vgl. hierzu grundlegend Strawson 1962.

73 Vgl. McGeer 2017.

74 Vgl. Beier 2010, Kap. 2.

75 Nietzsche verwendet in der *Genealogie der Moral* (Dritte Abhandl., Abschn. 19) den Ausdruck »ehrlicher Lügner« (KSA V, 386), allerdings in einem anderen Sinne, nämlich gerade in Bezug auf den Iago-Typus dessen, der »die Augen gegen sich selbst aufmacht[ ]« (ebd.), also als Lügner sich selbst gegenüber zu dem steht, was er tut, und die Lüge nicht moralisiert.

76 Vgl. hierzu grundlegend Grice 1975.

77 Vgl. Künne 2013, 31.

78 Kant 1785 [AA IV, 428].

79 Vgl. zur Kritik ausführlich Birnbacher 1995a, insbes. Kap. 5 und 6.

80 Zum Begriff des Vertrauens vgl. ausführlich Hartmann 2011.

81 Shakespeare, *Othello*, Act III, Scene 3.

82 Becker 2003.

83 Nietzsche fasst in seiner Apologie der Lüge in *Über Wahrheit und Lüge im außermoralischen Sinne* die Lüge als eine solche Konstruktionsleistung auf und rückt sie damit in die Nähe künstlerischen Schaffens, indem er aufrichtiges, wahrheitsgemäßes Sprechen als *eine Form* des Lügens – nämlich eine solche, in der mit willkürlich festgelegten sprachlichen Konventionen gelogen wird – auffasst, so dass »die Verpflichtung […], wahrhaft zu sein […]« als »Verpflichtung nach einer festen Convention zu lügen« (KSA I, 881) verstanden

werden kann, in der aber »der Mensch sich als Subjekt und zwar als *künstlerisch schaffendes* Subjekt vergisst« (ebd., 883), weil er an einer außersprachlichen Wahrheit orientiert zu sein glaubt. Demnach ist die Lüge eine den Menschen als künstlerisch tätiges Wesen auszeichnende Konstruktionsleistung, die aber durch eine vermeintliche Orientierung an einer (nur scheinbar nicht konstruierten) außersprachlichen Realität – sowie durch die Moralisierung der Lüge als »moralisch schlecht« – verdeckt wird.

84 Eine solche Abkoppelung von Wahrheitskategorien durch die Verselbständigung der Lüge zum überlebensdienlichen Narrativ hat vielleicht auch Kafka im Blick, wenn er am Ende des *Proceß*-Romans im Anschluss an die Exegese der Türhüterparabel den Geistlichen dem Protagonisten Josef K. sagen lässt: »Man muss nicht alles für wahr halten, man muss es nur für notwendig halten«, worauf Josef K. entgegnet: »Trübselige Meinung. [...] Die Lüge wird zur Weltordnung gemacht.« (Kafka 1925, 233). Dass die Lüge, wenn sie zur Weltordnung gemacht wird, auch aufhört, eine Lüge zu sein, ist dabei nur ein schwacher Trost.

85 Die Texte sind weiterhin zugänglich unter https://www.spiegel.de/kultur/gesellschaft/fall-claas-relotius-seine-spiegel-artikel-von-2011-bis-2016-a-1244901.html und https://www.spiegel.de/kultur/gesellschaft/fall-claas-relotius-seine-spiegel-artikel-von-2018-und-2017-a-1244892.html.

86 Moreno hat den Vorgang in seinem Buch *Tausend Zeilen Lüge* (2019) dokumentiert, das ironischerweise von Relotius' Anwalt seinerseits unter Lügenverdacht gestellt wurde. Es wurde 2022 unter Regie von Michael Herbig unter dem Titel *1000 Zeilen* verfilmt.

87 Auch abgedruckt bei Moreno 2019, 67.

88 KSA VII, 575 (*Fröhliche Wissenschaft* V 344).

89 KSA VII, 576 (*Fröhliche Wissenschaft* V 344).

90 Vgl. zu den Reportagen als Reaktion auf Erwartungshaltungen der Rezipienten auch Moreno 2019, 271–285 (Kap. 16).

91 Auch der Erfolg von »Fake News« – also von falschen oder irreführenden Berichterstattungen, deren Verfasser eine Täuschungsabsicht haben oder wahrheitsindifferent sind (vgl. Jaster/Lanius 2019, 31) – beruht, wenngleich nicht ausschließlich, so doch zu einem großen Teil auf der Bestätigung bereits vorhandener Überzeugungen, die bestätigt sehen zu *wollen* der Grund für die häufig bereitwillige Akzeptanz von Fehlinformationen ist. Verschwörungstheoretiker pflegen noch die abwegigste Lüge als willkommene Bestätigung der Überzeugung, die sie haben wollen, zu akzeptieren; vgl. hierzu Jaster/Lanius 2019, 54–61.

92 KSA V, 385 (3. Abhandl., Abschn. 19).

93 KSA V, 386 (3. Abhandl., Abschn. 19).

94 KSA VI, 238 (Abschn. 55).

LITERATUR

Auf Literatur wird im Text unter dem Datum der Erstpublikation verwiesen, auch wenn eine spätere Auflage oder eine Übersetzung verwendet wurde, es sei denn, dass die spätere Auflage eine wesentliche Erweiterung oder Neubearbeitung der ersten darstellt. Der zitierte Publikationsort ist durch »zit.« kenntlich gemacht.

Austin, John L. (1962): *How to Do Things with Words*. Second Edition. Edited by J. O. Urmson / M. Sbisà, Harvard.

Becker, Wolfgang (Regie), Becker, Wolfgang / Lichtenberg, Bernd (Drehbuch) (2003): *Good bye, Lenin*. Produziert von St. Arndt et al. X-Filme Creative Pool GmbH.

Beier, Kathi (2010): *Selbsttäuschung*, Berlin/Boston.

Birnbacher, Dieter (1995a): *Tun und Unterlassen*, Stuttgart. Neuauflage (zit.) Aschaffenburg 2015.

– (1995b): Dürfen wir Tiere töten? In: C. Hammer / J. Meyer (Hrsg.): *Tierversuche im Dienste der Medizin*, Lengerich, 26–41, wieder in (zit.): D. Birnbacher: *Bioethik zwischen Natur und Interesse*, Frankfurt a. M. 2006, 222–247.

– (2006): *Analytische Einführung in die Ethik*. 3. Auflage (zit.) Berlin/New York 2013.

Bittner, Rüdiger (2015): Große Kinder. In: M. Betzler / B. Bleisch (Hrsg.): *Familiäre Pflichten*, Frankfurt a. M., 217–228.

Bok, Sissela (1978): *Lying: Moral Choice in Public and Private Life*, New York, deutsch (zit.): *Lügen. Vom täglichen Zwang zur Unaufrichtigkeit*, Reinbek 1980.

Constant, Benjamin (1796): *Des réactions politiques* (Éd. 1796). Nachdruck Wroclaw 2022.

Crowe, David M. (2004): *Oskar Schindler: The Untold Account of his Life, Wartime Activities, and the True Story Behind the List*, New York 2004, deutsch (zit.): *Oskar Schindler. Die Biographie*, Berlin 2005.

Dickens, Charles (1850): *David Copperfield*, Oxford 1983.

Dietz, Simone (2012): *Der Wert der Lüge. Über das Verhältnis von Sprache und Moral*, Paderborn.

– (2017): *Die Kunst des Lügens*, Stuttgart.

Elias, Norbert (1969): Über den *Prozeß der Zivilisation. Soziogenetische und psychogenetische Untersuchungen.* 2 Bände, Frankfurt a. M. 1993.
Festinger, Leon (1957): *A Theory of Cognitive Dissonance*, deutsch (zit.): *Theorie der kognitiven Dissonanz.* 3., unveränderte Auflage Bern 2020.
Frankfurt, Harry (1986): On Bullshit. In: *Raritan* 6, 1–16, wieder in (zit.): H. Frankfurt: *The Importance of What We Care About*, Cambridge 1988, 117–133.
Geismann, Georg / Oberer, Hariolf (Hrsg.) (1986): *Kant und das Recht der Lüge*, Würzburg.
Gethmann, Carl Friedrich (1993): *Dasein. Erkennen und Handeln. Heidegger im phänomenologischen Kontext*, Berlin/New York.
– (2023): *Konstruktive Ethik. Einführung und Grundlegung*, Berlin.
Grice, Paul (1975): Logic and Conversation. In: P. Cole / J. Morgan (Hrsg.): *Syntax and Semantics* 3, New York / San Francisco / London, 41–58, deutsch (zit.): Logik und Konversation. In: G. Meggle (Hrsg.): *Handlung, Kommunikation, Bedeutung*, Frankfurt a. M. 1993, 243–265.
Habermas, Jürgen (1991): *Erläuterungen zur Diskursethik*, Frankfurt a. M.
Hallich, Oliver (2008): *Die Rationalität der Moral. Eine sprachanalytische Grundlegung der Ethik*, Paderborn.
– (2022): The Dark Side of Forgiveness. In: P. Satne / K. Scheiter (Hrsg.): *Conflict and Resolution. The Ethics of Forgiveness, Revenge, and Punishment*, Cham, 165–187.
Haneke, Michael (Regie und Drehbuch) (2009): *Das weiße Band. Eine deutsche Kindergeschichte.* Produziert von St. Arndt et al. X-Filme Creative Pool GmbH.
Hare, Richard (1952): *The Language of Morals*, Oxford.
Hartmann, Martin (2011): *Die Praxis des Vertrauens*, Frankfurt a. M.
Herbig, Michael (Regie) / Florin, Hermann (Drehbuch) (2022): *1000 Zeilen.* Produziert von S. Werninger. UFA Fiction GmbH / Warner Bros. Filmproduktion GmbH.
Hoerster, Norbert (2014): *Wie lässt sich Moral begründen?*, München.
Hursthouse, Rosalind (1991): Arational Actions. In: *The Journal of Philosophy* 88, 57–68, deutsch (zit.): Arationale Handlungen. In: R. Stoecker (Hrsg.): *Handlungen und Handlungsgründe*, Paderborn 2002, 98–110.
Ibsen, Henrik (1995): *Dramen.* Übersetzt von Chr. Morgenstern u. a. 2., revidierte Neuauflage, München.

Jaster, Romy / Lanius, David (2019): *Die Wahrheit schafft sich ab. Wie Fake News Politik machen*, Stuttgart.

Johnson, Uwe (1981): *Skizze eines Verunglückten*, Frankfurt a. M.

Kafka, Franz (1925): *Der Proceß*. Roman. Originalfassung, Frankfurt a. M. 2011.

Kant, Immanuel (1785): *Grundlegung zur Metaphysik der Sitten* [= AA IV, 385–463].

– (1797): Über ein vermeintes Recht aus Menschenliebe zu lügen [= AA VIII, 423–430].

– (1902ff): *Kants gesammelte Schriften. Ausgabe der preußischen Akademie der Wissenschaften* [= AA], Berlin.

Kohut, Heinz (1971): *The Analysis of the Self. A Systematic Approach to the Psychoanalytic Treatment of Narcissistic Personality Disorders*, New York, deutsch (zit.): *Narzißmus. Eine Theorie der psychoanalytischen Behandlung narzißtischer Persönlichkeitsstörungen*, Frankfurt a. M. 1976.

Künne, Wolfgang (2013): *Epimenides und andere Lügner*, Frankfurt a. M.

Langton, Rae (1992): Duty and Desolation. In: *Philosophy* 67, 481–505, wieder in (zit.): R. Langton: *Sexual Solipsism. Philosophical Essays on Pornography and Objectification*, Oxford 2009, 197–222.

– (2018a): The Authority of Hate Speech. In: *Oxford Studies in Philosophy of Law*, Vol. 3, Oxford, 123–152.

Langton, Rae (2018b): Blocking as Counter-Speech. In: D. Fogal / D. Harris / M. Moss (Hrsg.): *New Work on Speech Acts*. New York, 144–164.

Lotter, Maria-Sibylla (Hrsg.) (2017): *Die Lüge. Texte von der Antike bis in die Gegenwart*, Stuttgart.

McGeer, Victoria (2017): Scaffolding Agency. A Proleptic Account of the Reactive Attitudes. In: *European Journal of Philosophy* 27, 301–323.

Menges, Leonhard (2017): *Moralische Vorwürfe*, Berlin/Boston.

Meyer-Goßner, Lutz / Schmitt, Bertram (2018): *Strafprozessordnung. Gerichtsverfassungsgesetz, Nebengesetze und ergänzende Bestimmungen* (Beck'sche Kurz-Kommentare 6). 61., neu bearbeitete Auflage, München.

Mill, John Stuart (1861): *Utilitarianism / Der Utilitarismus. Englisch/ Deutsch*. Übersetzt und hrsg. von D. Birnbacher, Stuttgart 2006.

Molière (1667): *Le Misanthrope / Der Menschenfeind. Französisch/ Deutsch*. Übers. und hrsg. von H. Köhler, Stuttgart 1993.

Moreno, Juan (2019): *Tausend Zeilen Lüge. Das System Relotius und der deutsche Journalismus*, Berlin.

Nietzsche, Friedrich (1873): Über Wahrheit und Lüge im außermoralischen Sinne [KSA I, 873–890].
– (1882): *Die fröhliche Wissenschaft (»la gaya scienza«)* [KSA VII, 343–651].
– (1887): *Zur Genealogie der Moral. Eine Streitschrift* [KSA V, 245–412].
– (1895): *Der Antichrist. Fluch auf das Christentum* [KSA VI, 164–254].
– (1988): *Sämtliche Werke. Kritische Studienausgabe in 15 Einzelbänden* [=KSA], hrsg. von G. Colli / M. Montinari, München.
Paul, Jean (1811): Impromptüs, welche ich künftig in Stammbücher schreiben werde. In: *Jean Paul's sämmtliche Werke* 64/4 (*Jean Paul's literarischer Nachlaß* IV), Berlin 1838, 152–164.
Popitz, Heinrich (1992): *Phänomene der Macht*. 2., stark erweiterte Auflage, Tübingen.
Raters, Marie-Luise (2022): *Das muss ich nicht tun! Das Argument der Supererogation und die Grenzen der Pflicht*, Berlin.
Rössler, Beate (2001): *Der Wert des Privaten*, Frankfurt a. M.
Ryle, Gilbert (1949): *The Concept of Mind*, London, deutsch (zit.): *Der Begriff des Geistes*, Stuttgart 1990.
Schopenhauer, Arthur (1860): *Preisschrift über die Grundlage der Moral*. 2. Auflage. In: A. Schopenhauer: *Werke in zehn Bänden*. Zürcher Ausgabe. Text nach der historisch-kritischen Ausgabe von Arthur Hübscher (3. Auflage, Wiesbaden 1972). Editorische Materialien von Angelika Hübscher, Zürich 1977, Bd. VI [= ZA VI], 143–317.
Searle, John R. (1995): *The Construction of Social Reality*, London, deutsch (zit.): *Die Konstruktion der gesellschaftlichen Wirklichkeit. Zur Ontologie sozialer Tatsachen*, Frankfurt a. M. 2018.
Shakespeare, William: *Complete Works*. The Arden Shakespeare, Third Series, London / New York / Oxford / New Delhi / Sydney.
Shiffrin, Seanna Valentine (2014): *Speech Matters. On Lying, Morality, and the Law*, Princeton/Oxford.
Sommer, Volker (2016): *Lob der Lüge. Wie in der Evolution der Zweck die Mittel heiligt*, Stuttgart.
Stemmer, Peter (2010): Begründen, Rechtfertigen und das Unterdrückungsverbot. In: *Deutsche Zeitschrift für Philosophie* 58, 561–574, wieder in (zit.): P. Stemmer: *Begründen, Rechtfertigen und das Unterdrückungsverbot*, Berlin/Boston 2013, 110–127.
Strafprozessordnung mit Auszügen aus Gerichtsverfassungsgesetz, EGGVG, Jugendgerichtsgesetz, Straßenverkehrsgesetz und Grundgesetz (2022). Hgg. von C. Roxin. 57., neu bearbeitete Auflage, München.
Strawson, Peter (1962): Freedom and Resentment. In: *Proceedings of the British Academy* 48, 187–211.

Watzlawick, Paul / Beavin, Janet / Jackson, Don (1967): *Pragmatics of Human Communication: A Study of Interactional Patterns, Pathologies, and Paradoxes*, New York, deutsch (zit.): *Menschliche Kommunikation. Formen, Störungen, Paradoxien*. 13., unveränderte Auflage, Bern 2017.

Weber, Max (1922): *Wirtschaft und Gesellschaft. Grundriss der verstehenden Soziologie*. 5., revidierte Auflage, besorgt von J. Winckelmann, Tübingen 1980.

Wiertz, Svenja (2020): *Freundschaft*, Berlin/Boston.

Wright, Georg Henrik von (1963): *The Varieties of Goodness*, London.

Internet-Quellen

https://www.spiegel.de/kultur/gesellschaft/fall-claas-relotius-seine-spiegel-artikel-von-2011-bis-2016-a-1244901.html. (Zugriff am 31.12.2022.)

https://www.spiegel.de/kultur/gesellschaft/fall-claas-relotius-seine-spiegel-artikel-von-2018-und-2017-a-1244892.html. (Zugriff am 31.12.2022.)

https://de.wikipedia.org/wiki/Rosa_Parks. (Zugriff am 31.12.2022.)

Anders handeln können

Ein sprachphilosophischer Essay

Oliver Hallich

Anders handeln können
Ein sprachphilosophischer Essay
2022. 176 Seiten
ISBN 978-3-7873-4246-4
Kartoniert €22,90
(auch als eBook erhältlich)

Anders-Handeln-Können ist eine zentrale Kategorie in der Willensfreiheitsdebatte. Im Allgemeinen gehen wir davon aus, dass Freiheit ein Anders-Handeln-Können und Verantwortlichkeit Freiheit, also ebenfalls die Möglichkeit, anders handeln zu können, voraussetzt. In diesem Buch wird gezeigt, dass und wie eine genaue Untersuchung der Verwendungsweisen von Ausdrücken wie »Sie hätte anders handeln können« zur Lösung der unter der Rubrik »Willensfreiheitsproblematik« diskutierten Probleme beitragen kann. Dabei stellt sich heraus, dass wir bei der Diskussion des Problems von Willensfreiheit und Verantwortlichkeit besser damit beraten sind, statt über Freiheit über Anders-Handeln-Können, Fähigkeiten und die Zumutbarkeit von Willensbildungen zu sprechen.

Die Argumentation ist außerordentlich klärend und hinterlässt das Gefühl, in einem von Ideologien durchseuchten Gebiet wieder frei atmen zu können. – Dieter Birnbacher

meiner.de/blaue-reihe